Eberhard Rieth

Liebe am Ende -
Ehe am Ende?

R. Brockhaus Verlag Wuppertal und Zürich

Blaukreuz-Verlag Wuppertal

Blaukreuz-Verlag Bern

R. Brockhaus Taschenbuch Bd. 493

© R. Brockhaus Verlag Wuppertal und Zürich
Umschlaggestaltung: Carsten Buschke, Solingen
Umschlagfoto: TCL – Bavaria, Düsseldorf
Gesamtherstellung: Breklumer Druckerei Manfred Siegel KG
ISBN 3-417-20493-3 (R. Brockhaus)
ISBN 3-89175-097-8 (Blaukreuz Wuppertal)
ISBN 3-85580-326-9 (Blaukreuz Bern)

INHALT

VORWORT

Viele Ehepaare haben es heute schwer, miteinander zurechtzukommen. Gerade von dem Menschen, dem die größten Hoffnungen galten, fühlen sie sich nicht verstanden. Ihre gesamte Lebensqualität wird von dem Wissen beeinträchtigt, tagtäglich den heimlichen oder lautstarken Auseinandersetzungen nicht entgehen zu können.

Zweifellos sind die Erwartungen der Partner aneinander im zu Ende gehenden 20. Jahrhundert erheblich höher, als das bei früheren Generationen der Fall war. Vom gemeinsamen Leben wird Übereinstimmung und Erfüllung in einem Maß erwartet, hinter dem der Ehealltag in der Regel weit zurückbleibt. Enttäuschung, Leere und Resignation sind die unausweichliche Folge.

Andererseits haben Verhaltensnormen, Werte und Institutionen entscheidend an Bedeutung verloren. Der Spielraum für eine individuelle Lebensgestaltung, für große persönliche Freiheiten ist in einem Maß gewachsen, das nicht wenige Menschen erheblich überfordert.

Sie sehen sich zum Beispiel in der Ehe vor früher kaum denkbare Alternativen gestellt: Bleibt mir nur übrig, mich dem Frust meiner Ehe ohne Hoffnung auf Änderung auch in Zukunft auszusetzen – oder wäre eine Scheidung doch das kleinere Übel? Lohnt es sich, auf das eine oder andere der zahlreichen Angebote zu außerehelichen Beziehungen einzugehen – oder hat die Rücksichtnahme auf Kinder und Verwandte unausweichlich die tödliche Langeweile eines Nebeneinander-Herlebens zur Folge?

An einem Fallbeispiel wird auf den folgenden Seiten der Versuch unternommen, wesentliche Ursachen von Ehekonflikten sichtbar zu machen. Dabei werden überraschende Tatbestände sichtbar. Krisen und tiefreichende Konflikte gehören zur Ehe wie das Raupenstadium zur Entwicklung des Schmetterlings. Nicht das Auftreten von Beziehungskrisen ist entscheidend, sondern die Art und Weise, wie die Partner mit ihnen umgehen.

In diesem Zusammenhang kommt der Frage nach den

Kraftreserven der Partner eine besondere Bedeutung zu. Lassen sich dafür zusätzliche Quellen erschließen, die zur Verarbeitung von Enttäuschungen und Begrenzungen helfen können? Oder gibt es gar Möglichkeiten, die Krisen zum Anfang eines neuen, besseren Miteinanders werden lassen?

Nun wäre es sicher falsch, in einer Zeit, in der die Institution Ehe grundsätzlich bedroht ist, nur von den betroffenen Ehepartnern Lösungen für dieses gesellschaftliche Problem zu erwarten. Insbesondere die Kirchen sind heute gefragt, ob sie das ihre tun, um den Menschen Wege zur Bewältigung der so problematisch gewordenen zwischenmenschlichen Beziehungen aufzuzeigen.

Mancher Leser wird sich fragen, weshalb an dieser Stelle zur Lösung von Eheschwierigkeiten gerade religiöse Institutionen angesprochen werden. Das Evangelium ist richtig verstanden eine Botschaft zum Leben in einem umfassenden Sinne. Es will Erlösung vermitteln, das heißt sonst unlösbare Konflikte auch in solchen zwischenmenschlichen Bereichen einer Lösung zuführen.

Wir müssen uns in diesem Zusammenhang allerdings vor dem Mißverständnis hüten, als ob sich gute Beziehungen und seelische Gesundheit automatisch als Folge von kirchlichen Handlungen oder auch von persönlichen Glaubensentscheidungen einstellen würden, wie das in christlichen Kreisen nicht selten angenommen wird. Die Bibel sieht solche Veränderungen als Ergebnis von Prozessen an, die sich in einer Gruppe von Menschen ereignen. Für diese Gruppe wird das Bild vom Leib gebraucht, der durch das Zusammenwirken sehr verschiedenartiger Glieder zum gemeinsamen Nutzen charakterisiert ist. Heil und Heilung erfolgen zu einem wesentlichen Teil innerhalb dieses Leibes. Das sollte in einer lebendigen Gemeinde erfahrbar sein.

Sowohl für christliche Gemeinden wie für den Einzelchristen ergibt sich daraus eine nicht geringe Herausforderung. Auf dieser Basis kann jeder Partner, Nachbar oder Kollege mitsamt seinen Entwicklungsprägungen, Beziehungsproblemen und charakterlichen Schwierigkeiten zunächst einmal als Bestandteil der Schöpfung betrachtet und angenommen werden. Der Schöpfung, in der etwas von Gottes Dasein, Wesen und Willen zu erkennen ist. Freilich bleiben uns diese Zusammenhänge in den Anfangsphasen unserer Beziehungen meist verborgen. Doch gerade dem, der sich auf den Boden des Erlösungsgeschehens stellt, eröffnet sich damit die Chance, auch belastende Seiten des menschlichen Seins – gleichgültig, ob es sich um die eigene Person oder den Nächsten handelt – realistisch ins Auge zu fassen und einen sachgemäßen Umgang mit diesen Realitäten zu erlernen.

Auf diese Weise kann der einzelne in seiner Einmaligkeit mit seinen Stärken und Schwächen, mit seinen besonderen Gaben ebenso wie mit seinem spezifischen Gefährdetsein neu bekannt werden und dieselben Entdeckungen bei seinem Nächsten riskieren. Im Leib der Gemeinde sind also Aufgabenfelder im mitmenschlichen Bereich ebenso zu entdecken wie Hilfen, die zur Entfaltung aller Glieder potentiell bereitstehen. Christsein bedeutet nicht zuletzt, diese Chancen wahrzunehmen und sich den schmerzlichen Erkenntnisprozessen zu stellen, die das Zusammenleben mit anderen, oft genug auch als fremdartig und störend erlebten Partnern mit sich bringt. Auf diese Weise wird eine tiefgreifende Veränderung der Beziehungen möglich, die das Neue Testament als eine seiner bedeutsamen Zielsetzungen immer wieder anspricht. Solche Veränderungen werden sowohl als Frucht einer mühsamen Arbeit wie als Geschenk gesehen.

Beziehungsstörung als Zeitkrankheit

Die junge Frau, die mir gegenübersaß, war sichtlich erregt. »Wie kann ich nach all dem, was zwischen uns gelaufen ist, noch irgend etwas für meinen Mann empfinden? Ich liebe ihn nicht mehr. Ja, es gibt Tage, wo ich für ihn nur noch Haß und Verachtung übrighabe. Verstehen Sie das denn nicht?«

»Gewiß«, antwortete ich, »dieser Verlust Ihrer Zuneigung ist für Sie bestimmt außerordentlich schmerzlich. Das bringt Sie fast zur Verzweiflung.« Nach einer Pause fragte ich behutsam zurück: »Doch welche Konsequenzen ergeben sich daraus für Sie?«

Erika, meine Gesprächspartnerin, konnte kaum an sich halten. »Scheidung, nichts als Scheidung!« brach es aus ihr heraus. »Etwas anderes kommt doch gar nicht mehr in Frage. Voraussetzung für eine Ehe ist nun mal Liebe. Wenn sie nicht mehr da ist, wäre ein weiteres Zusammenleben doch nur ein Theaterspiel. Das kann mir kein Mensch zumuten!«

»Könnten Sie sich in Ihrer tatsächlich sehr schwierigen Situation vorstellen, daß statt der Trennung vielleicht sinnvollere Lösungen möglich wären?« gab ich zu bedenken. – Erika war sichtlich überrascht: »Sie wollen doch nicht etwa behaupten, eine Ehe, die diesen Namen verdient, könnte ohne Liebe auskommen?«

»Das dürfte nicht zuletzt davon abhängen, was Sie unter Liebe verstehen«, antwortete ich. »Gewiß sollten Zuneigung und Verstehen im Lauf der Jahre zunehmen, doch solche Entwicklungen vollziehen sich höchst selten ohne Bruch. Der Wachstumsstillstand in der Natur während des Winters bedeutet ja auch nicht Tod. Im Gegenteil, dadurch wird der Frühling vorbereitet. Das keimende neue Leben benötigt die Krise der Frostperiode. Die Krise birgt also neues Leben in sich.

Andererseits scheint mir, daß wir von einem unterschiedlichen Verständnis dessen ausgehen, was Liebe bedeutet. Verstehen wir Menschen von heute darunter nicht

häufig vor allem ein romantisches Gefühl, das sich aufgrund eines Idealbilds vom Partner Erfüllung und Steigerung der Lebensqualität verspricht? Auch wenn solche Erwartungen zu Beginn der Gemeinsamkeit normal sind, bedroht doch das Festhalten an ihnen eine Ehe in ihrem Fortbestand. Jede Partnerschaft lebt von der Entwicklung reiferer Beziehungsformen.«

»Wollen Sie mir damit etwa eine Fortsetzung meiner Ehe empfehlen, auch wenn ich für meinen Mann überhaupt nichts mehr übrig habe und wir uns nur noch streiten? Ich muß gestehen, mit so weltfremden Ansichten kann ich für meine Person nichts anfangen«, erklärte mir Erika daraufhin freimütig.

Ist die Skepsis dieser jungen Frau nicht sehr verständlich? Alles, was ihr einmal Hoffnung auf erfüllte Gemeinsamkeit und Lebensglück gab, ist ihr abhanden gekommen. Übriggeblieben sind Schmerz, Verbitterung und Resignation. Legt sich dann die Trennung als das unvermeidliche kleinere Übel gegenüber einem endlosen gegenseitigen Zerfleischen nicht nahe? Ist das ehrliche »Ende mit Schrecken« dem nach außen scheinheilig getarnten »Schrecken ohne Ende« nicht eindeutig vorzuziehen? So oder ähnlich wird heute in unzähligen Ehen gedacht. Unter dem Vorzeichen der Selbstverwirklichung gerade im Bereich der engsten Beziehung, zu der wir uns im Laufe unseres Lebens entschließen, wachsen Ansprüche und Erwartungen fast ins Unermeßliche: Der andere wird mir geben, was mir selbst fehlt; in einer harmonischen, wenn auch selbstverständlich nicht vollkommenen Beziehung werden wir beide Glück und Leben finden.

Wer bedenkt in der Phase des Verliebtseins schon, daß im gleichen Interessenfeld die Ausdehnung des einen immer nur auf Kosten des anderen erfolgen kann? Wenn ich ausschließlich mein Glück suche – das nur zu einem Teil identisch ist mit dem Glück des Partners –, dann schränke ich ihn ein, beschneide ich seine oder ihre Interessen. Wenn ich vom gleichen Stück Kuchen einen größeren Anteil haben möchte, so muß mein Partner mit weniger zufrieden sein. Getrieben von dem Verlangen, unseren eigenen Durst nach Leben zu stillen, geraten wir Menschen heute allzu leicht in eine Verfassung, die uns für die Interessen gerade des Allernächsten blind macht. Wir meinen, ein Recht auf durch keinen Menschen eingeschränkte persönliche Wunscherfüllung zu besitzen, solange andere nicht in ihren gesetzlich geschützten Rechten geschmälert werden. Aus dieser unausgesprochenen Überzeugung wird vom Partner fast unbegrenzte Toleranz und Anpassungswilligkeit erwartet. Dieselbe Grundhaltung, die der Ausbeutung und Zerstörung der Natur zugrundeliegt, ein auf die eigenen Interessen beschränktes Selbstverwirklichungsstreben, gefährdet heute auch die Beziehungen der Menschen untereinander, in besonderem Maß in Ehe und Partnerschaft.

So entsteht als *die* Krankheit unserer Zeit die gestörte Beziehung. Der hohe Prozentsatz gescheiterter Ehen ist dafür ebenso ein Anzeichen wie die wachsende Zahl von Alleinlebenden oder von Partnerschaften auf Zeit. Darunter leiden nicht nur die unmittelbar Beteiligten, sondern vor allem auch die betroffenen Kinder. Die Unfähigkeit zu einer angemessenen Lebensbewältigung nimmt dramatisch zu – auf dem Hintergrund von Neurosen, Ichstörungen, Mager- oder Eßsucht und vielen anderen neuen Verhaltensauffälligkeiten und Süchten. Betroffen sind von dieser Entwicklung nicht nur Scheidungswaisen, sondern auch Kinder äußerlich intakter Familien, in denen Beziehungskonflikte nicht angemessen bearbeitet werden.

Unsere heutige Scheidungsproblematik weist also weit über die individuellen Konflikte hinaus. Wir sehen uns in unserer Zeit vor die Frage gestellt, ob wir vielleicht Grundregeln des menschlichen Zusammenlebens aus dem Auge verloren oder sie noch gar nicht entdeckt haben. Kann es Umstände in der Persönlichkeit des Menschen geben, von deren Beachtung möglicherweise das gemeinsame Wachsen in der Ehe, auch bei großer Gegensätzlichkeit, abhängig ist? Um welche Gegebenheiten könnte es sich dabei handeln? Und lassen sich diese Faktoren auch in dem »Buch der Bücher«, der Bibel, finden, die sich selbst als »Brief des Vaters im Himmel an jeden Menschen« bezeichnet?

Die Humanwissenschaften sind während der letzten Jahrzehnte zu Erkenntnissen gekommen, die uns an dieser Stelle wesentliche Einsichten ermöglichen. Insbesondere gilt das auch für die Bereiche Ehepsychologie und tiefenpsychologisch orientierte Psychotherapie, die – zur Überraschung vieler Zeitgenossen – die Weisheit und Wahrheit der Bibel neu groß werden lassen.

Phasen der Ehe

Erika, meine Gesprächspartnerin, die sich durch die negativen Erfahrungen in ihrer sechseinhalbjährigen Ehe so sehr betroffen zeigte, wäre höchstwahrscheinlich schon erleichtert gewesen, wenn sie bereits vor unserem Gespräch einige der neueren ehepsychologischen Erkenntnisse gekannt hätte. Danach ist ein grundsätzliches Enttäuschtsein vom Partner spätestens nach den ersten Ehejahren eher die Regel als die Ausnahme. Es handelt sich also bei Licht besehen um ein völlig normales Ereignis.

Diese manche Leser sicher überraschende Feststellung wird verständlicher, wenn wir uns klarmachen, wie die Anziehung von Ehepartnern zustande kommt. Die Volksweisheit hat dafür zwei Sprichwörter geprägt: »Gegensätze ziehen sich an« und: »Gleich und gleich gesellt sich gern.«

Wenn sich zwei Menschen verlieben, wird in der Regel zunächst das Gegensätzliche und Störende größtenteils übersehen oder in seinem Stellenwert falsch eingeschätzt. So berichten nicht wenige Ehefrauen von den Gefühlen der Sicherheit und Gelassenheit, die sie angesichts negativer Verhaltensweisen ihres »Zukünftigen« empfunden hätten: »Laßt ihn nur erst einmal bei mir sein. Ich werde ihn dann schon hinkriegen. Gegenüber dem, was *ich* für ihn empfinde, sind solche Kleinigkeiten bedeutungslos.«

Nach den Erfahrungen der Ehepsychologie dauert es

Monate, meist sogar drei, fünf, sieben oder mehr Jahre, bis sich solche – selbstverständlich beiderseitigen – Illusionen in ihr Gegenteil verkehren. Nämlich in die skeptische Überzeugung: »Der oder die wird sich ja doch nie ändern. Ich kann da machen, was ich will.«

Die ersten Ehejahre sind in der Regel von einer rosaroten Gemütsverfassung gekennzeichnet, nach dem Motto: »Ich habe einen wunderbaren Menschen gefunden, der mich prächtig versteht, mich beschwingt und mein Dasein verwandelt.« Diese erste Ehephase wird dann von einer zweiten abgelöst, in der nicht mehr das beglückte Schweben sieben Meter über der Alltagsrealität im Vordergrund steht, sondern der unsanfte Zusammenprall mit der rauhen Wirklichkeit. »Er/Sie hat sich als schrecklich egoistisch entpuppt, ich hätte nie gedacht, daß mir so etwas passieren könnte!«* Plötzlich werden Eigenschaften und Verhaltensweisen beim Partner sichtbar, die in außerordentlichem Maße verunsichernd wirken, wütend oder traurig machen. In vielen Fällen drängt sich der fatale Eindruck auf: »Mir steht ein völlig anderer Mensch gegenüber als der, den ich geheiratet habe.« Daraus wächst sehr schnell das Gefühl: »Er hat mich getäuscht, mir etwas vorgespielt, sich von der besten Seite gezeigt, aber seinen wahren Charakter bedeckt gehalten. Nun bin ich die Betrogene und kann sehen, wo ich bleibe.« So kommt es einerseits zu zwar unausgesprochenen, aber desto massiveren Vorwürfen oder auch zu lautstarken Aggressionen und andererseits zu Selbstmitleid. Diese Zustände können sich bis zu Haß, Rachsucht und Selbstzerstörung steigern.

Wir müssen uns fragen, wie dieses außerordentliche Maß an Blindheit zustande kommen kann, das sich zu Beginn einer Ehe über Wesen und Charakter des Partners so sehr täuscht. Dabei fällt auf, daß gerade zur Scheidung Entschlossene häufig angeben, sie hätten die verabscheuten »Eigenschaften« des Partners während der ersten Ehe-

---

* Um der Lesbarkeit willen gebrauche ich im folgenden meist nur die männliche Form. Die Leserinnen mögen mir das verzeihen. Sie sind selbstverständlich genauso gemeint wie die Leser.

phase zwar irgendwie empfunden, aber eigentlich doch nicht wahrgenommen, zumindest in ihrem emotionalen Stellenwert nicht richtig eingeschätzt.

Die Antwort der Ehepsychologie verweist an dieser Stelle auf das Phänomen der »Projektion«, das beim Vorgang des Sich-Verliebens immer eine bedeutsame Rolle spielt. Ein Projektor ist ein Bildwerfer, ein schwarzer Kasten, aus dem Dias auf eine Leinwand projiziert werden. An sich ist die Wand weiß, bildlos. Das Bild vom letzten Urlaub wird ihr sozusagen übergestülpt.

So projizieren wir, wenn wir uns verlieben, das Bild vom »idealen« Partner des anderen Geschlechts – das wir seit Kindheitstagen unbemerkt in uns tragen – aus uns heraus und übertragen es auf das Gegenüber. So kommt es zu der aufwühlenden und zugleich begeisternden inneren »Gewißheit«: Genau die steht vor dir, nach der du dich immer gesehnt hast. Nimm sie mit nach Hause, dann ist dir lebenslanges Glück garantiert.«

Diese Selbsttäuschung, die ja nicht die Wirklichkeit der Partnerin anschaut, sondern ein eigenes Bild, kann naheliegenderweise nur von begrenzter Dauer sein. Früher oder später bekommt das Bild Risse und Sprünge: Der Lack blättert ab, und zum Vorschein kommt ein ganz anderer Mensch. Die Ent-täuschung ist perfekt, das heißt die Täuschung hat sich verflüchtigt, die ernüchternde Wirklichkeit kann nicht länger verdrängt werden.

Diese Analyse macht allerdings auch deutlich, daß der scheinbar so naheliegende Vorwurf – du hast mich getäuscht – völlig ungerechtfertigt ist. Vielmehr sollten jetzt die Einsicht und das Eingeständnis Raum gewinnen: »*Ich* habe *mich* getäuscht.« Ich mich selbst! Eine solche Erkenntnis ist gewiß schmerzlich. Das bringt auch der gequälte Aufschrei von tief betroffenen Partnern zum Ausdruck: »Oh, könnte ich mich nur weiter täuschen. Solange ich blind war für das Unglück, das ich mir eingehandelt habe, ging es mir gut.«

Enttäuschung kann grausam sein. Aber kann jemand im Ernst glauben, die Blindheit für den Partner würde auf Dauer als Grundlage für ein harmonisches Miteinander ausreichen? Illusionen, Wahn und Selbsttäuschung in einer Beziehung führen mit Sicherheit zu immer neuem Scheitern. Nur aus der Wahrheit, aus dem Anschauen und Annehmen der Wirklichkeit – so frustrierend sie zunächst auch sein mag – können Konfliktlösungen gefunden werden, kann ein Fundament entstehen, auf dem sich eine stabilere Gemeinsamkeit herausbildet.

Enttäuschung – die Tür zum Eheglück?

Wer sich in seiner Ehe solchen schmerzlichen Einsichten gestellt hat und Bereitschaft zeigt, seine Idealvorstellungen vom Partner loszulassen, ist zu beglückwünschen. Eine Gratulation zur Enttäuschung also? Tatsächlich, genau das ist gemeint. Wenn die Realität nicht mehr durch Illusionen getrübt wird, macht sie den Weg frei zu ihrer Veränderung oder – anders ausgedrückt – zur Arbeit an der Partnerbeziehung.

Hier stoßen wir auf eine weitere, ebenfalls verbreitete Informationslücke. Wie vielen Paaren, die sich auf dem Weg zum Standesamt befinden, dürften wir Gutes zur Arbeit an ihrer Beziehung wünschen? Die meisten würden solch einen Wunsch befremdet zurückweisen: »Wir verstehen uns doch so ausgezeichnet. Solche Arbeit mögen andere nötig haben, aber wir nicht.«

Leben im harmonischen Einklang wird in der ersten Ehephase üblicherweise als etwas weitgehend Fertiges, Vorgegebenes angesehen. Aber genau hier liegt ein grundlegender Irrtum vor, wie sich früher oder später herausstellen wird. Überlegen wir uns doch einmal die Ausgangsposition der beiden Partner. Wir werden dann sehr rasch zu dem Schluß kommen, daß eine dauerhafte, relativ ungetrübte Harmonie, die sich wie eine Art von Naturereignis von selbst einstellt, nur aufgrund einer Selbsttäuschung erwartet werden kann.

Die Eheleute haben doch ganz verschiedenartige Erbanlagen mit ins Leben bekommen. Sie wuchsen bei grundverschiedenen Bezugspersonen auf. Familienatmosphäre, Erziehungsstil, Geschwisterstellung und viele andere prägende Einflüsse in Kindheit und Jugend waren unterschiedlich. Entsprechend wurden bei den Partnern Gefühle, Erlebens- und Verhaltensweisen, Bedürfnisse und Zielsetzungen ganz anders strukturiert, auch wenn das in der Projektionsphase kaum – oder jedenfalls kaum störend – in Erscheinung tritt. Und zwei so original geprägte Persönlichkeiten sollten nun auf Anhieb konfliktlos zusammenpassen? Nur wer für die Lebensrealität blind ist, kann so etwas annehmen.

Nur wer es wagt, die gegensätzlichen Empfindungen und Gefühle des Partners, sein andersgeartetes Menschsein anzuschauen und zur Kenntnis zu nehmen, wird auch Chance und Notwendigkeit gemeinsamen Wachstums einschließlichlich der damit verbundenen Frustrationen ins Auge fassen können. Auf dem Hintergrund dieser vertieften Realitätswahrnehmung wird nun auch ein Glückwunsch zur Enttäuschung verständlicher. Voraussetzungen für gemeinsames Wachsen und Reifen sind klare Sicht, neue Wahrnehmung und Durchblick.

Einzig das Ende der Täuschung schafft die Grundlagen für die Bewältigung solch einer lebenslangen, ebenso schwierigen wie lohnenden Aufgabe.

In diesem Zusammenhang hat das »Bonbon« der Täuschung, die durch die Projektion zustande gekommen ist, durchaus eine positive Bedeutung. Das Paar bekommt einen Vorgeschmack von dem Zustand, der erreicht werden kann, wenn sich die beiden mutig und unverdrossen ihren »Hausaufgaben« stellen.

Arbeit an der Beziehung?

Es geht also um eine Art von Arbeit, um die bereits erwähnte Neuorientierung der Beziehung. Daß eine solche Beziehungsarbeit notwendig ist, wird allerdings von Jungverliebten verständlicherweise nur selten gesehen. Während schon das Sprichwort sagt: »Ohne Fleiß kein Preis«, meinen die Partner zu Beginn einer Ehe, sich nach dem Motto zur Ruhe setzen zu können: »Gleich den Preis – ohne Fleiß.«

Wie kann aber an Beziehungen gearbeitet werden? Was ist überhaupt damit gemeint?

Vergegenwärtigen wir uns das am Beispiel des eingangs erwähnten jungen Paares.

Erika und Erich lernten sich in einer Studentengruppe kennen. Als überzeugte Christen nahmen sie ihr Treuegelübde vor dem Altar sehr ernst. Von Freunden und Bekannten wurden sie als ein Paar bezeichnet, das sich in geradezu idealer Weise ergänzte. Während Erich, ein angehender Diplom-Ingenieur, seine Umgebung immer wieder durch klares Denken und vorzügliche Situations-Analysen beeindruckte, strahlte Erika mütterliche Wärme und eine von Herzen kommende Fürsorge aus. Während mit Erich wegen seiner Kühle und Distanziertheit nicht so leicht in Kontakt zu kommen war – seine Umgebung erlebte ihn meist als scheuen Einzelgänger –, konnte Erika, die ihre Umgebung durch ein besonderes Gespür für alle Leidenden und Schwachen beeindruckte, durch ihre große Güte und Herzlichkeit auch dem isoliertesten Menschen ein Stück Heimat und Geborgenheitsgefühle vermitteln.

Doch schon wenige Jahre nach dem Beginn ihres gemeinsamen Lebensweges mit Erich kapitulierte Erika, zur Überraschung aller Bekannten und Verwandten. Sie nahm zunächst an mehreren Stellen seelsorgerliche Hilfe in Anspruch. Aber ihre Resignation und Skepsis im Blick auf die Fortsetzung ihrer Ehe konnten dadurch nicht verringert werden. »Alle meine Versuche, aus meiner Ehe etwas zu machen, waren vergeblich. Gegen Betonwände kann leider auch ich nichts ausrichten«, erklärte sie. »Als einziger Ausweg bleibt mir nur die Scheidung, auch wenn so eine Katastrophe zu meinem Christsein überhaupt nicht paßt.«

Nur zögernd war Erika anläßlich eines Gesprächs zu dritt bereit, über das zu reden, was sie so tief entmutigt und verbittert hatte. Ihr Betroffensein wurde schon an den Tränen deutlich, mit denen sie immer wieder kämpfte. Dagegen zeigte Erich kaum eine gefühlsmäßige Beteiligung. Meist blickte er – scheinbar ganz in seine Gedanken verloren – in die Ferne. Nur selten streifte Erika sein erstauntbefremdeter Blick bei emporgezogenen Augenbrauen.

»Rückblickend muß ich mir eingestehen«, so begann Erika ihren Bericht, »daß mich Erich wohl nie geliebt hat. Ich war für ihn immer nur ein besseres Dienstmädchen, gerade recht, seine Wäsche und die Wohnung in Ordnung zu halten, ihn mit besseren Mahlzeiten zu verwöhnen, als er sie im Gasthaus bekommen hätte. Aber für mich, für meine Bedürfnisse und Gefühle« – Erika bedachte Erich mit einem vorwurfsvollen Blick – »hatte er rein gar nichts übrig. Nur wollte ich das während der ersten Ehejahre einfach nicht wahrhaben, obwohl sich mir dieser Eindruck jeden Tag mehr aufdrängte.«

Erika blickte mich an: »Sie werden mir das nicht ohne weiteres abnehmen können. Deshalb will ich Ihnen von dem Abend berichten, der mich am meisten schockiert und mir vollends den Rest gegeben hat.

Schon seit Wochen war Erich von seiner Arbeit verstimmt und einsilbig zurückgekommen. Natürlich bin ich mir klar darüber, daß er als Abteilungsleiter eines großen Werkes eine Menge an Verantwortung zu tragen und viel Ärger durchzustehen hat. Doch statt mir von dem zu berichten, was er den Tag über erlebte – ich hätte ja so gerne daran teilgenommen –, bekam ich auf meine Nachfragen kaum mehr als ein brummiges ›ja‹ oder ›nein‹ zu hören. Für mich war unsere Ehe von Anfang an – das muß ich mir heute trotz des zunächst erlebten Glücks eingestehen – nichts anderes als ein deprimierendes Nebeneinanderherleben. Wie ganz anders hatte ich mir doch unser gemeinsames Leben vorgestellt!

Doch ich dachte: ›Wozu bist du Christin? Du läßt dich nicht unterkriegen.‹ So faßte ich den Entschluß, noch einmal alles auf eine Karte zu setzen und einen neuen, diesmal besonders gut vorbereiteten Anlauf zu wagen. Irgendwann mußte es sich doch herausstellen, daß auch dieser

Mensch« – Erich traf wieder ein zornig-verächtlicher Blick seiner Frau – »ein Herz besitzt und vielleicht sogar etwas für mich übrig hat. Gedacht – getan. Ich überlegte mir, womit ich Erich erfreuen und ihm zeigen könnte, wieviel mir an ihm liegt. Ich ging zum Friseur, wählte ein Kleid, das mir besonders gut steht, und bereitete unser abendliches Zusammensein so sorgfältig wie möglich vor. Als Erich unsere Wohnung betrat, stand sein Leibgericht neben auserlesenen Zutaten auf dem Tisch. Das Licht einer Kerze beleuchtete dunkelrote Rosen von der Sorte, die mir Erich zum Hochzeitstag geschenkt hatte. Selbst an die gedämpfte Mozart-Musik aus dem Hintergrund – Mozart ist sein Lieblingskomponist – hatte ich gedacht.

Auf meine von Herzen kommende Begrüßung reagierte Erich wie immer kühl und abweisend. Und auch das Abendbrot verlief von seiner Seite aus so wortkarg wie gewohnt. Gebeugten Hauptes und mit Sorgenfalten auf der Stirn löffelte Erich die Suppe, ohne ein Zeichen von Anteilnahme von sich zu geben. Ich wußte nicht, ob er überhaupt registrierte, was er zu sich nahm. Wahrscheinlich hätte ich ihm auch die von ihm verabscheute Hafergrütze vorsetzen können, er hätte es gar nicht bemerkt. Ihn zu fragen, wagte ich nicht. Ich wollte mir keine Abfuhr wie zu früheren Zeiten holen, wo er bei ähnlichen Gelegenheiten gereizt erklärt hatte: ›Was willst du denn? Ich habe doch gar nichts gesagt. Damit ist doch wohl klar, daß ich nichts auszusetzen habe.‹ Mir war inzwischen mehr zum Heulen als zum Lachen zumute, aber ich dachte nicht an Kapitulation. ›Mit deinen ungehobelten Junggesellenmanieren kriegst du mich diesmal nicht‹, sagte ich mir in trotziger Entschlossenheit.

Erich zog sich nach dem Abendbrot wie üblich in sein Arbeitszimmer zurück, um sich in den Berg seiner Fachzeitschriften zu vergraben. Nach dem Abwaschen faßte ich mir ein Herz und setzte mich mit einem Strickzeug zu ihm aufs Sofa. Ein unwilliger Blick machte mir deutlich, daß er auf meine Anwesenheit überhaupt keinen Wert legte. Doch ich überwand einen Anflug von Angst und Hoffnungslosigkeit und machte mir selbst Mut, indem ich mir einredete: ›Diesmal wird deine Liebe stärker sein.‹ Wohl im Verlauf einer halben Stunde rutschte ich mit unschuldiger Miene zentimeterweise in seine Nähe. Anfangs wich er noch aus, doch die Sofakante verhinderte eine weitere Flucht. Als ich nahezu auf Tuchfühlung gekommen war, gab ich mir innerlich noch einen Ruck und legte behutsam meinen Arm um ihn. Ich bat ihn, indem ich ihn so liebevoll wie möglich schräg von unten anblickte, mir doch endlich einmal zu sagen, was ihm fehle, was ihm so offensichtlich das Leben schwermache. Doch noch ehe ich meinen Satz beenden konnte, sprang Erich auf.

›Glotz mich doch mit deinen treuen Hundeaugen nicht so blöde an, das ist ja nicht zum Aushalten!‹ brach es zornig und böse aus ihm heraus. Er warf seine Fachzeitschrift knallend zu Boden und verließ im Eilschritt unsere Wohnung, nicht ohne alle Türen mit Getöse zuzuwerfen.

Im ersten Moment war ich wie erstarrt. Aber dann überkam mich das heulende Elend. Ich konnte mich nicht mehr fassen. Das war doch nun wirklich zuviel. Dieser widerwärtige Mensch, dieser brutale Grobian, der meine Gefühle mit genagelten Stiefeln am Boden zertrampelte, dieser Eisklotz! Ich fühlte mich total am Ende. Was sollte ich denn noch tun, um einen Zugang zu ihm zu finden? Wenn er auch nur einen Funken von Entgegenkommen gezeigt hätte – aber so? Auf diese Weise konnte das nun wirklich nicht mehr weitergehen, das war für mich einfach nicht länger auszuhalten. Mag da in der Bibel stehen, was will. Gegenüber einem so gefühllosen und rohen Charakter bin ich doch machtlos. Bleibt mir etwas anderes übrig als Scheidung?«

Erika hatte die letzten Sätze nur noch mit Mühe und mit von Tränen fast erstickter Stimme herausgebracht. Nun schwieg sie erschöpft.

Wer könnte diese Frau in ihrem Schmerz und ihrer Empörung nicht verstehen? Wirken nicht alle gut gemeinten Ratschläge und Empfehlungen, die uns bei Ehekonflikten im Bekanntenkreis so rasch über die Lippen kommen, angesichts einer solchen Situation wirklichkeitsfern und unpassend? Und was sollen gegenüber einer so tiefgreifend gestörten Beziehung Schlagworte wie »an der Ehe arbeiten« oder »für gemeinsames Wachstum sorgen«? Auch der für Christen naheliegende Hinweis, wonach gegenseitige Vergebung den beiden zu einem Neuanfang verhelfen könnte, würde vermutlich – so richtig diese Feststellung von der Sache her sein kann – Erika und Erich im Augenblick nicht aus ihrer Sackgasse herausführen.

Nur mit dem Herzen sieht man richtig

Bleibt als einzige Lösung übrig, Erikas Resignation zu teilen und ihren Scheidungsabsichten beizupflichten?

Auf den ersten Blick besticht dieser Ausweg durch die anscheinend rasche gefühlsmäßige Entlastung von den schrecklichen Wechselbädern einer zerstörten Beziehung. Die Scheidung präsentiert sich Menschen in Erikas Verfassung als Befreiungsschlag, der das Ende der unerträglichen Spannungen und der ständig neuen Verletzungen verheißt. Aber wird es Erika danach wirklich gut gehen?

Weder ihr noch Erich wird eine Scheidung das erhoffte Glück bringen. Erikas Sehnsucht nach einem Menschen, der sie wirklich versteht, dem sie voll vertrauen kann, wird sich wieder melden. Nach dem derzeitigen wissenschaftlichen Erkenntnisstand wird sie sich mit hoher Wahrscheinlichkeit wieder von einem Partner angezogen fühlen, mit dem sie in ganz ähnliche Konflikte geraten würde. So wäre es für Erika eigentlich vernünftiger, zu fragen, ob sie denn tatsächlich alle Möglichkeiten zur Bewältigung ihrer gemeinsamen Ehekrise ausgeschöpft hat. Sie selbst ist davon nach dem fehlgeschlagenen, mit soviel außerordentlichem Einsatz vorbereiteten Versuch, in Erichs Innenwelt vorzudringen, überzeugt.

Unsere Wahrnehmung, also das, was wir sehen, hören, fühlen, schmecken, ist, wie wir heute wissen, emotional bedingt. Unsere Gefühlslage spielt mit anderen Worten dabei eine entscheidende Rolle. Wer um einen eben verstorbenen, lieben Menschen trauert, erlebt den schönsten, heiteren Sommertag als düster und grau. Für den Frischverliebten verwandelt sich dagegen der diesig-verhangene Novembermorgen in einen fröhlich strahlenden Tag. Unsere Gefühle vermögen uns also eine subjektiv gefärbte Wirklichkeit vorzutäuschen, die uns objektive Gegebenheiten und Tatsachen unterschlägt. Die persönliche Überzeugung, daß zum einen weitere Bemühungen um den Partner sinnlos sind, weil sich seine »schlechten Eigenschaften« nicht ändern lassen, und daß zum anderen die eigenen Kräfte ebenso wie Liebe und Zuneigung erschöpft sind, kann also weithin auf Selbsttäuschung beruhen.

In Wirklichkeit gibt es meist noch eine ganze Menge an hilfreichen Lösungen, für die die Partner zunächst nur kein Auge haben. Solange sie ihnen verborgen bleiben, wird sich an ihrer Wut oder Hoffnungslosigkeit kaum etwas ändern.

Das heißt nun freilich nicht, Erika müßte sich auf ähnliche Weise wie bisher einfach zu neuen Anstrengungen aufraffen. Wenn ihre Bemühungen bessere Ergebnisse als bisher zeitigen sollen, sind einige Vorbedingungen zu erfüllen.

Beide Partner sollten sehen lernen, was eine konstruktive Auseinandersetzung zwischen ihnen bisher verhindert hat. Das setzt die Bereitschaft beider voraus, sich selbst und ihr bisheriges Bild vom Partner in Frage stellen zu lassen. Nicht wenige Männer – auch Erich gehörte zu ihnen – empfinden solches Mühen schon als Zumutung. Erich pflegte Versuche seiner Frau, ein offenes Gespräch in Gang zu bringen, mit der Bemerkung zu unterlaufen: »Was willst du denn? Mir genügt das völlig, was sich zwischen uns abspielt. Wenn du etwas ändern willst, so ist das deine Sache.«

Wenn Erika etwas von der Hilflosigkeit und Angst ahnen könnte, die sich hinter solchen kühl-abweisenden Abwehrmanövern verbergen, hätte sie es nicht länger nötig, sich dadurch so sehr entmutigen zu lassen.

Wie kann Erika die innere Welt ihres Mannes nach sechseinhalbjähriger Ehe neu kennen und verstehen lernen? Wie kann sie Zugang zu einer anderen Art von Verheiratetsein gewinnen, bei der Verletzungen und Mißverständnisse zu Bausteinen einer harmonischeren Gemeinsamkeit geraten?

Im ersten Augenblick klingt diese Aufgabenstellung außerordentlich kompliziert. Doch kann sie mit Hilfe eines ganz einfachen Rezeptes angepackt werden. Schon allein das behutsame Hinhören auf die Lebensgeschichte des Partners ermöglicht die Beantwortung vieler Fragen, die sich aus dem ergeben, was am Partner so sehr befremdet und verletzt. An Erichs Lebenslauf läßt sich das besonders gut verdeutlichen.

Erich wurde im Kriegsjahr 1940 geboren. Seine Mutter starb kurze Zeit nach seiner Geburt. Wenig später fiel sein Vater als Soldat. So wuchs Erich im damaligen »Warthegau« bis 1945 in einem streng nationalsozialistisch geführten Säuglings- und Kinderheim auf, das 1947 auf das Gebiet der damaligen DDR verlegt wurde. Die Erziehungsprinzipien des Dritten Reiches wurden damit für Erich praktisch vom ersten Lebenstag an prägend: Ein deutscher Junge ist zäh wie Leder, hart wie Krupp-Stahl, flink wie ein Windhund. Er weint nicht, zeigt keine Schwächen oder Rührseligkeit. Er stellt sich klaglos allen Widrigkeiten und Belastungen. Die kriegs- und nachkriegsbedingte Personalknappheit tat ein übriges. Niemand saß je am Bettchen des kleinen Jungen, um ihm einen Gute-Nacht-Kuß zu geben. Kein Mensch nahm ihn in den Arm, um ihn zu trösten, wenn er sich wegen eines Kummers ausweinen wollte oder körperliche Schmerzen auszuhalten hatte.

Dagegen war Erich, soweit er überhaupt zurückdenken konnte, mit Anpfiffen konfrontiert worden: Reiß dich zusammen! Sei nicht wehleidig! Stell dich bloß nicht so zimperlich an! In den Kinderheimen der damaligen Zeit setzten sich die Stärkeren mit allen Mitteln durch. Die Schwachen kamen immer zu kurz.

Die Auswirkungen solcher Pädagogik sind sicher vielschichtig. Wir wollen uns für unseren Zusammenhang auf den Gefühlsbereich beschränken. Wenn einem Kind positive Gefühle, Wärme, Zuwendung fremdgeblieben sind, kann es die eigene Gefühlsseite nicht entwickeln. Die Gefühle bleiben gewissermaßen im Knospenstadium stecken. Ihre Entwicklung ist in einem höheren Lebensalter nur möglich, wenn sie später ein verständnisvolles, »besseres« Gegenüber finden, an dem sie korrigiert werden können. Erfahrungsgemäß werden die frühen, tiefen Gefühle und Verhaltensmuster in der engsten und wichtigsten Beziehung, zu der wir uns im Lauf unseres Lebens entschließen, in der Ehe, wiederbelebt. Dort offenbaren sich die Kindheitsdefizite und Lebenstechniken, die uns als Überlebensstrategien zugewachsen sind.

Im Fall von Erich und Erika wird das an der Szene auf dem Sofa, in der sich Erika so schrecklich getroffen fühlte, ganz deutlich. Nach der heutigen wissenschaftlichen Erkenntnis sind für einen Menschen wie Erich, der seinem eigenen Gefühl ebenso fremd und abwehrend gegenübersteht wie den Gefühlen der Menschen seiner Umgebung, Emotionen eine tödliche Bedrohung. Menschen vom Distanztypus wie Erich können durch intensives emotionales Erleben in Zustände versetzt werden, die der unmittelbaren Todesangst von Erwachsenen vergleichbar sind. Erich hatte damals auf dem Sofa das Gefühl, der Hals werde ihm zugeschnürt, im nächsten Moment werde er erdrosselt – so daß es für ihn nichts Dringlicheres gab, als sich augenblicklich aus dieser tödlichen Umklammerung zu befreien. Die Intensität, ja Brutalität seiner Reaktion läßt das Ausmaß seines inneren Bedrohtseins sichtbar werden. Erichs schrecklicher Ausbruch ist im Grunde genommen nichts anderes als ein Befreiungsschlag, der ihm dann tatsächlich die Luft zum Atmen wiedergibt und damit sein Weiterleben ermöglicht.

Doch wie soll Erika diese Zusammenhänge begreifen lernen? Mit den äußeren Daten der Lebensgeschichte ihres Mannes ist sie zwar schon längst vertraut, doch im Grunde weiß sie über ihn kaum mehr als zum Beispiel der Personalchef, der in der Firma ihres Mannes einst seine Bewerbungsunterlagen aufmerksam durchgelesen hat. Erika muß freilich zugute gehalten werden, daß Erich zwar viele Dinge trefflich zu beurteilen weiß, sich selbst aber immer noch ein Rätsel geblieben ist, dem er am liebsten nicht begegnen möchte. Von daher hat er es in der Kunst der Selbstmitteilung gewiß nicht sehr weit gebracht.

So meint Erika – das ist ein Regelsymptom der Projektionsphase –, ihren Mann nach über sechsjähriger Ehe eigentlich ganz gut zu kennen. Deshalb wäre sie auch schockiert, wenn ihr jemand zu verstehen geben würde, daß sie mit ihrer Herzlichkeit und Innigkeit, also gerade mit dem, was sie bei sich selbst am meisten schätzt, Erich Todesängste einjage. Sie würde »unsinnige Behauptungen« der Art, wonach sie mit ihrer Zuwendung ihren Mann in Zustände von kaum zu ertragender Hilflosigkeit und Panik versetze, empört zurückweisen. Wir begegnen hier einem Phänomen, das sich in Ehen besonders häufig findet. Der eine Teil meint, dem anderen mit einer Handlung oder Äußerung besonders Gutes zu tun und ahnt gar nicht, was er in Wirklichkeit in dem anderen anrichtet. Selbstverständlich trifft das auch, und zwar in ganz besonderem Maße, für Erichs Verhalten gegenüber Erika zu.

Erika, eine Scheidungswaise, wuchs in ländlichen Verhältnissen bei der Großmutter auf, der sie alles bedeutete. Bevor Erika auf die Welt kam, war die Oma über Jahre hinweg sehr einsam gewesen. Sie litt häufig unter depressiven Phasen, die Tage oder Wochen dauern konnten. So kam, nachdem sie Erika wenige Wochen nach deren Geburt bei sich aufgenommen hatte, Inhalt und Sonnenschein in ihr Leben. Bald konnte sie sich ihr Dasein ohne Erika gar nicht mehr vorstellen. So wehrte sie alle, vielleicht nicht gerade übermäßig ernstgemeinten Versuche der Elternteile mit Erfolg ab, Erika zurückzuholen. Die Großmutter, die auch immer bereit war, das Letzte für ihre Enkelin zu geben, lebte, ohne das selbst zu registrieren, wesentlich aus ihrem kleinen Gegenüber.

Im Zusammenhang damit entwickelte Erika in ihrer Kindheit kein stabiles innerseelisches Gleichgewicht. Von Jugend auf litt sie unter Minderwertigkeitsgefühlen. Entsprechend der Prägung ihrer Beziehung zur Großmutter blieb sie zur Stabilisierung ihrer Seelenverfassung auf die Zuwendung anderer Menschen angewiesen. Bei ihrem jeweiligen Nächsten suchte sie Nähe, Tröstung, Geborgenheit und Selbstwert zu bekommen. Von daher waren ihre Beziehungen schon von früh auf durch hohe Erwartungen und Ansprüche an die Mitmenschen gekennzeichnet, ohne daß sie sich selbst über diesen Sachverhalt klargeworden wäre.

Auch die Umgebung der erwachsenen Erika ist nicht ohne weiteres in der Lage, diese Bedürfnisse und die Erwartungshaltung zur Kenntnis zu nehmen. Erikas Hilfsbereitschaft und Tragfähigkeit machen sie überall unentbehrlich und sichern ihr die Wertschätzung ihrer Umgebung. Viele holen sich bei ihr Rat oder nehmen sie in Notlagen in Anspruch. Kaum einer der Bekannten oder der Freundinnen kennt etwas von ihrer Schwermut, ihren Zweifeln an sich selbst, von ihrem Enttäuschtsein an der Menschheit, von ihren heimlichen Selbstmordphantasien. Die Rolle der selbstlos Fürsorglichen, die stets die Interessen anderer an die erste Stelle setzt, verhüllt diese schwierigen Seiten von Erikas Charakter in fast perfekter Weise. Wer sich um seine konfliktgeladene Ehe müht, muß sich seinen Frustrationen bewußter stellen. Erika wird sie nur ertragen können, wenn sie in ihnen einen tieferen Sinn zu erkennen vermag. Das wäre zum Beispiel der Fall, wenn ihr der Abwehrcharakter von Erichs »unmöglichen Verhaltensweisen« deutlich würde. Dann könnte sie etwas von seiner inneren Not ahnen. Dann wäre sie in die Lage versetzt, einen anderen Schluß als bisher aus ihrer Situation zu ziehen: Wenn ich darauf verzichte, das Handtuch zu werfen, wenn ich die Hindernisse angehe, die einem tieferen Verständnis unserer Schwierigkeiten im Weg stehen – freilich unter veränderter Zielsetzung und mit anderen Mitteln –, dann erhalte sowohl ich selbst wie Erich die Möglichkeit, zu reiferen Beziehungsformen zu kommen, die uns stabiler, gelassener und mutiger werden lassen.

Auf der anderen Seite könnte Erich lernen, seine mimosenhafte Empfindsamkeit und Kränkbarkeit differenzierter zu begreifen. Statt sich nach einem »brutalen Überfall« Erikas – wie er das später einmal formulierte – einfach unreflektiert seinen Ängsten und Selbstschutz-Impulsen zu überlassen und dazu noch den Anlaß dafür ganz naiv alleine bei Erika zu sehen, könnte er sich um eine vertiefte Selbsterkenntnis bemühen.

Dabei würde ihm einerseits deutlich werden, daß Erikas Kommunikationsversuche völlig berechtigt und notwendig sind, obwohl sie einer Differenzierung bedürfen. Andererseits könnte Erich eine Ahnung vom Ausmaß seiner Beziehungsunfähigkeit und ihrer Hintergründe bekommen, die ihn in objektiv gesehen doch harmlosen Situationen so überschießend reagieren läßt. Dadurch würde ein Prozeß eingeleitet, bei dem Erich zunehmend mehr an sich selbst und seinen eigenen Verhaltensweisen und Bedürfnissen zu leiden imstande wäre als an Erikas Wünschen nach Wärme und Nähe.

Verhelfen Glaubenserfahrungen zu neuen Kraftquellen?

Allerdings – ohne die Erschließung neuer Motivations- und Kraftpotentiale fühlen sich die meisten Menschen mit dieser Aufgabe überfordert, wie die Scheidungsziffern deutlich machen.

Das Evangelium als eine auf unsere Lebensprobleme und Alltagskonflikte bezogene »frohe Botschaft« hält an dieser Stelle Lösungen bereit, die grundsätzlich allen Menschen gelten. Doch in der Regel haben unsere Zeitgenossen zu solch einem Alltagsbezug der christlichen Botschaft nur geringen oder gar keinen Zugang. Die allenfalls ehrwürdigen Überlieferungen können aus ihrer Sicht zur Klärung der alltäglichen Probleme kaum etwas beitragen.

Der Durchblick auf die unglaubliche Aktualität und Dynamik der Nachricht von dem Allmächtigen und Liebenden, der sich nur zu gerne die Sorgen seiner Kinder zu eigen machen würde, ist selbst für Christen nur allzu oft verstellt. Mit anderen Worten heißt das: Alle, die an die Grenzen der eigenen Möglichkeiten gelangt sind, können neue Hoffnung schöpfen. Das gilt insbesondere für alle

Ehepartner, die früher oder später so nachhaltig mit der eigenen Hilflosigkeit und Ausweglosigkeit konfrontiert werden. Sie haben an dieser Stelle interessante und ungemein lohnende Entdeckungsabenteuer vor sich.

Freilich helfen gedankliche Überlegungen oder Lektüre einschlägiger Literatur erfahrungsgemäß an dieser Stelle nur begrenzt weiter. Wenn es um die tiefsten Wahrheiten des menschlichen Lebens geht, ist es vor allem notwendig, sich mehr als bisher mit der ganzen Person existentiell verfügbar zu machen. Nur so erhält ein Mensch die Chance, die natürlichen Begrenzungen seines Erkenntnisvermögens zu überschreiten. Gott kann nicht in einem isolierten Denkakt, sondern nur »ganzheitlich« so erkannt werden, daß der Alltag des Lebens eine neue Grundlage bekommt.

Greifbare Ergebnisse bringt deshalb nur der Weg der Selbsterfahrung, den uns die Bibel empfiehlt. Dieses trotz seiner weiten Verbreitung so unbekannte Buch läßt sich als Reiseführer zu einem vielgefragten, aber scheinbar unerreichbaren Ziel verstehen. Als Zielsetzung wird uns die Möglichkeit beschrieben, nicht länger in der uns vertrauten letzten Einsamkeit zu bleiben, sondern eine neuartige Geborgenheit zu gewinnen, die in dieser Welt erfahren wird und doch nicht von ihr stammt. Solch ein in allen Konflikten tragfähiges Lebensfundament erwächst aus einem Leben mit dem, der uns nicht für ein Dasein in der Isolierung, sondern für ein Leben zu zweit geschaffen hat. Diese neuartige Existenzweise wird in Psalm 23,1 so beschrieben: »Der Herr ist mein Hirte, mir fehlt nichts.« Wer kann als normaler Mensch schon so etwas von sich sagen? Fehlt uns allen nicht zumeist sehr vieles zu einem Befinden, in dem wir uns wirklich glücklich fühlen würden? Noch überraschender mutet uns die Aussage des vierten Verses dieses Jahrtausende alten Gebets an: »Ich fürchte kein Unglück.« Ist so etwas denn überhaupt auf dieser Welt denkbar, so wird sich mancher fragen, eine gewissermaßen angstfreie Befindlichkeit? Ist solch ein Zustand denkbar, ohne daß sich der Betroffene durch Selbstsuggestion oder andere Manipulationen vor der Wirklichkeit in Illusionen flüchtet?

David gibt in seinem Gebet sofort die Begründung für seine sicherlich auch für die damalige Zeit ungewöhnliche Behauptung: »Denn du bist bei mir, dein Stecken und Stab trösten mich.« Das uns mit diesen außergewöhnlichen oder sogar ungeheuerlichen Aussagen aufgegebene Rätsel läßt sich entschlüsseln und in die Wirklichkeit der eigenen Existenz übertragen durch den Mann, der uns aus Bibel und Geschichte als Jesus von Nazareth bekannt geworden ist. Das Neue Testament ermutigt uns zur Erforschung seiner Geheimnisse durch die für Nichtchristen wie Christen gleichermaßen interessante und vielversprechende Feststellung: Sein Reichtum sei unausforschlich (Epheser 3,8).

Vielleicht empfinden Sie diese Aussagen nun gegenüber der bedrängenden Realität Ihrer Eheprobleme als zu theoretisch. Sie wenden möglicherweise ein, was denn uralte religiöse Anschauungen mit der Bewältigung von Partnerschwierigkeiten unserer Zeit zu tun haben sollen. Beweisen die Konflikte von Erich und Erika, die überzeugte Christen sind, nicht die Bedeutungslosigkeit von Glaubensüberzeugungen für den Ehealltag? In der Tat, die Fakten scheinen das zu beweisen. Doch der Schein trügt. Die Entdeckung außergewöhnlicher Kräfte bedeutet noch lange nicht ihre sinnvolle Nutzung, wie sich am Beispiel der Atomenergie sehr eindrucksvoll demonstrieren läßt. Ein Christ, der den guten Hirten persönlich kennengelernt hat, kann für die Notwendigkeit seiner eigenen Persönlichkeitsreifung zunächst ebenso blind bleiben wie für die seiner Partnerin.

Die psychologische Grundeinsicht, wonach der Mensch für sich selbst blind ist und Partner braucht, um sich kennenzulernen, gilt selbstverständlich auch für Christen. Deshalb ist die Gemeinde der Christen zu dem herausgefordert, was das Neue Testament als schwesterliche und brüderliche Gemeinschaft bezeichnet. Sie läßt – aus Liebe! – den Nächsten nicht einfach laufen. Sie weiß, daß sie ihm die Rückspiegelung seines Verhaltens zur richtigen Stunde und am rechten Ort schuldig ist. Diese offene, die Selbsterkenntnis fördernde Rückmeldung kann sich dabei an dem Vorbild orientieren, das Jesus in der Beziehung sowohl zu seinen Schülern wie zu den Theologen und Frommen seiner Zeit und auch zu Außenstehenden vorgelebt hat.

Im Gegensatz zu dem, was sich in unseren menschlichen Beziehungen normalerweise abspielt, stand Jesus die innere Realität seines jeweiligen Gegenübers vor Augen. Deshalb lag ihm die in unserer Gesellschaft so verbreitete moralisierende Abwertung des Handelns anderer völlig fern. Aus demselben Grund konnte er sowohl einfühlsam verstehen, wie – wenn nötig – aus Liebe konsequent und mit uneingeschränkter Offenheit auf Fehlhaltungen hinweisen. Dementsprechend fühlten sich seine Gegenüber teils angenommen – das galt gerade auch für die Geächteten der damaligen Gesellschaft –, teils durchschaut und in ihrer Selbstgerechtigkeit und Lieblosigkeit entlarvt.

Gefühlsoffenheit – eine lebensferne Illusion?

Wirkliche Arbeit an einer Beziehung ist ohne verständnisvolleres Hinhören auf das, was den Partner hinter dem Vordergründigen bewegt, gar nicht denkbar. Die Wahrnehmung der inneren Wirklichkeit des Gegenübers führt zu vertiefter Selbsterkenntnis und trägt damit auch zum Abbau von Überheblichkeit und Richtgeist bei. Die fatale Sucht, das Handeln des Partners oder anderer Bezugspersonen aufgrund des ersten Augenscheins und von spekulativen Annahmen her zu verurteilen, kann damit überwunden werden.

Doch wer ist zu solcher Arbeit an einer Beziehung überhaupt in der Lage? Lassen sich solche Anforderungen angesichts der mehrfach betonten Einseitigkeit unserer Perspektive und unserer begrenzten Wahrnehmung überhaupt rechtfertigen? Und wie könnte ein Mensch dem Partner sein Tun und Lassen vorhalten, während er sich doch gleichzeitig die eigene Unvollkommenheit und Unreife eingestehen muß?

Sind das nicht handfeste Argumente gegen das Wagnis,

einen ganz anderen Umgangsstil zu praktizieren, bei dem Gefühle und Empfindungen nicht länger verschwiegen werden? Und selbst wenn dieser Jesus Christus, dessen Reden und Handeln ja tatsächlich bei Anhängern wie Gegnern noch heute einen außerordentlichen Eindruck hinterlassen, diese Art von Gesprächsführung wagte – wer wollte sich mit ihm vergleichen und es sich erlauben, ihn nachzuahmen?

Diese Rückfragen sind gewiß berechtigt. Wer sich auf das Abenteuer der Beziehungsklärung einlassen will, muß sich selbstkritisch mit solchen Bedenken auseinandersetzen. Tolpatschige Naivität wäre so ziemlich das letzte, was in einer zerrütteten Beziehung weiterhelfen könnte. Doch ebenso eindeutig – das ist ja der Ausgangspunkt unserer Überlegungen – haben die alten Rezepte ihre Untauglichkeit unter Beweis gestellt. Gekränkter Rückzug ins Schweigen, lautstarke Ausbrüche zur Selbstrechtfertigung und Verteidigung oder Theaterspiel als Ablenkungsmanöver bringen auf die Dauer ebensowenig ein wie der Versuch, Krankheit oder Tränen zu Erpressungsaktionen zu nutzen. Von daher gibt es für ein Paar, dem wirklich an einem Neubeginn liegt, keine Alternative zu Gefühlsoffenheit und Ehrlichkeit.

Das Wissen um die Unvollkommenheit der eigenen Person und Position stellt dafür kein Hindernis dar, sondern bildet im Gegenteil die notwendige Voraussetzung. Es ist immer hilfreich, Beziehungskonflikte aus einer Haltung der Solidarität, des gleichermaßen Betroffenseins freimütig anzusprechen. Ein für die Beziehung förderlicher Austausch kommt also gerade nicht zustande, wenn jemand sich für besser, fehlerloser oder mit unfehlbarem Urteil ausgestattet hielte. Eine solche Haltung begünstigt im Gegenteil neue Trotzreaktionen oder Versuche, sich selbst in günstigerem Licht darzustellen und den Partner abzuwerten.

Mancher wird sagen, Jesus von Nazareth sei eben auch in seinem Verhalten gegenüber Menschen einzigartig gewesen, seine Offenheit könne man nicht auf die heutigen Beziehungen übertragen. Dieses Argument erweist sich bei näherem Zusehen als nicht stichhaltig. Offensichtlich war es gerade nicht Jesu Absicht, uns mit seinem Leben ein unerreichbares Idealbild vor Augen zu stellen. Entwaffnend einfach und mit wünschenswerter Deutlichkeit öffnet er seinen Nachfolgern eine unerwartete Perspektive, wenn er sagt: »Ein neues Gebot gebe ich euch, daß ihr einander lieben sollt; *wie ich euch* geliebt habe, *so* sollt auch ihr einander lieben.« (Johannes 13,34)

Die Bedeutung dieser Aussage wird nur der ermessen können, der zur Kenntnis nimmt, mit welchem Maß an persönlicher Gefühlsoffenheit der Meister gerade seine Mitarbeiter bedacht hat. Zum Beispiel beklagt er in einer lebensbedrohlichen Situation ihren Kleinglauben (Matthäus 8,26). Bei zwei vom Karfreitagsgeschehen tief betroffenen, mut- und hoffnungslosen Jüngern tadelt er ihr Unverständnis (Lukas 24,25). Einen gutgemeinten, aber naiven Ratschlag des Petrus weist er schroff zurück (Matthäus 16,23). Es handelt sich, wie aus diesen Stellen hervorgeht, bei den Adressaten seiner Rückmeldungen gerade um Menschen, die ihm nahestanden und denen seine Liebe in besonderem Maße galt. Sie wußten zweifellos um die Zuverlässigkeit seiner Zuwendung. Sie konnten deshalb seine Offenheit auch kaum als Ablehnung mißverstehen.

Wer versucht, die Anweisung nach Johannes 13,34 (»Wie ich euch geliebt habe, so sollt auch ihr einander lieben«) in die Tat umzusetzen, wird feststellen, daß er rasch an das Ende seiner eigenen Möglichkeiten gelangt. Diese Erfahrung sollte nicht als Panne mißverstanden werden, die etwa zu Resignation, zum Sich-treiben-Lassen Anlaß geben könnte. Ganz im Gegenteil handelt es sich um eine reifungsfördernde, notwendige Einsicht.

Jesus nennt als erklärtes Ziel seines Wirkens, daß er die folgenreichste Isolierung des Menschen aufheben will, nämlich seine Trennung vom Schöpfer aller Dinge. Ist diese Absicht erreicht, so wird damit dem einzelnen Christen ein unermeßliches Kräftereservoir zugänglich gemacht. Wenn er es in Anspruch nimmt, wird er gerade durch Mißerfolge beim Versuch, zu lieben wie sein Meister, immer dringlicher zur Veränderung herausgefordert. Wer sich selbst nichts vormacht, dem wird deutlich bewußt, daß die Selbstbeschränkung auf die eigenen Möglichkeiten dieses Ziel in unerreichbare Fernen rückt. Darüber hinaus gewinnen Christen im Verlauf des ihnen von der Fürsorge Gottes zugedachten Erziehungs- und Reifungsprozesses die Einsicht, daß ihnen das neu geschenkte Kräftepotential nicht zur Durchsetzung selbstsüchtiger Wünsche zur Verfügung gestellt wird. Sie lernen es allmählich, sich den Kräften des Auferstandenen zu öffnen, dem das Wohl aller Menschen am Herzen liegt, was nicht zuletzt mit der Heilung ihrer Beziehungen in Zusammenhang steht.

Persönlichkeitsprägung und Partnerbeziehung

Tieferes Verstehen heißt also in der Praxis, zunächst einmal die Frage zu stellen, warum der andere so und nicht anders handelt. Warum hat er gerade dieses Verhalten und jene Äußerungen nötig? Böswilligkeit spielt dabei eine weit geringere Rolle, als das in der Hitze des Ehealltags den Anschein hat.

Unsere Wahrnehmung der uns umgebenden Personen und unsere Reaktionen darauf sind viel weniger das Ergebnis von Willkür oder Zufälligkeiten, als die meisten Menschen anzunehmen geneigt sind. Lernprozesse in unserer Kindheit und Jugend spielen dabei eine ausschlaggebende Rolle. Ein eben zur Welt gekommenes Kind weiß weder, was es von sich selbst zu halten hat, noch kann es eine Vorstellung davon haben, wie es von seiner Umgebung bewertet, in welchem Maß es angenommen oder abgelehnt wird. All das verdichtet sich in einem Kind erst allmählich zu einem individuellen Geprägtsein. Parallel dazu entwickeln sich entsprechende Gefühle und Verhaltensweisen. So können, wie wir am Beispiel Erichs gesehen haben, Ablehnung und Zurückweisung bei einem Kind Mißtrauen und Ängste hervorrufen, die möglicherweise noch beim Er-

wachsenen an einem ausgeprägten Distanzbedürfnis abzulesen sind. Frühe Verwöhnung kann, um ein weiteres Beispiel zu nennen, in späteren Jahren Gefühle von Minder-
wertigkeit und Bequemlichkeitshaltungen zur Folge
haben.

Von solchen Einsichten her können sowohl Ehepartner
wie ihre Berater neue Ansätze für dauerhafte Konfliktlösungen gewinnen. Warum sollte beispielsweise nicht das
Nachdenken über die folgende kühne Frage erlaubt, ja ge-
boten sein: Was mag sich der Schöpfer aller Dinge gedacht
haben, als er sich solche geheimnisvollen Gesetzmäßigkeiten wie die gegenseitige Anziehung von sehr gegensätzlichen Menschen in der Partnerschaft ausgedacht hat –
wenn daraus doch unweigerlich schwerwiegende Konflikte
entstehen? Genauso fruchtbar ist die Frage nach dem »Wozu?«, wenn die Partner feststellen, daß sie selbst durch
mangelnde Reife ihrer Eltern und Großeltern belastet sind.
– Warum sollten sie nicht nach dem Sinn suchen, den diese
»Erblast« möglicherweise für ihr persönliches Werden wie
für ihre Ehe hat? Sie könnten beispielsweise entdecken,
daß Schwächen immer auch eine positive Seite haben und
sich, zumindest in bestimmten Situationen, zu Stärken
wandeln.

Wer mutig und ehrlich genug ist, sich gedankliche An-
stöße dieser Art zuzumuten, der wird zunächst einmal das
Sein anderer Menschen tiefer verstehen und in die Lage
versetzt werden, ihre individuelle Art zu leben und ihre
verborgenen Beweggründe besser zu begreifen. Vorurteile
und Mißverständnisse verlieren dann an Bedeutung.
Schon eine ausführliche Darstellung von Atmosphäre und
Umgangsstil der jeweiligen Ursprungsfamilie gibt oft genug überraschende Durchblicke auf einen tieferliegenden
Zusammenhang. Die frühkindlichen Bezugspersonen werden als Modelle sichtbar, an denen Kinder Erleben und
Verhalten erlernt und eingeübt haben. Wer weiß, daß Erich
im Heim und Erika bei der Großmutter aufgewachsen ist,
wird Charakter und Verhalten der beiden viel besser verstehen.

Das bedeutet nun aber nicht, daß irgend jemand berechtigt wäre, seine persönliche Verantwortung für das eigene Tun und Lassen unter Schuldzuweisungen auf seine Erzieher abzuwälzen. Ein gängiges Wort der Tiefenpsychologie korrigiert dieses sehr beliebte, weit verbreitete Alibi: »Spätestens ab der Pubertät muß ein Mensch die Verantwortung für sein eigenes Gewordensein selbst übernehmen.« Übrigens entspricht diese Aussage dem, was die Bibel über die Verantwortlichkeit des einzelnen für sein Leben und Handeln aussagt. Paulus informiert die Christen in Korinth darüber, daß vor den unbestechlichen Augen des auferstandenen Jesus jeder einzelne persönlich erscheinen müsse, um sich den Konsequénzen seines Handelns zu stellen (2. Korinther 5,10). In Galater 5,6 verweist er seine Leser auf die Tatsache, daß jeder Mensch ernten wird, was er gesät hat.

Kehren wir noch einmal zu der Frage zurück, welchen Sinn aus der Sicht Gottes, des liebenden Vaters, eine Partneranziehung haben soll, die so gegensätzliche Persönlichkeiten wie Erika und Erich zusammenführt. Die Begründung, Gegensatz bedeute eben zugleich auch Ergänzung, kann alleine nicht befriedigen, angesichts der damit zwangsläufig verbundenen außerordentlichen Verunsicherung, seelischen Verletzungen und tiefgreifenden Konflikte.

Häufig findet sich in Ehen die Partner-Konstellation »Genauigkeitstyp« und »Geltungstyp«. Während dem ersteren Ordnung, Sparsamkeit und die Vermeidung von Streit tiefes Bedürfnis sind, liegen der geltungsbedürftigen Persönlichkeit, die in besonderem Maße auf Anerkennung durch andere Menschen angewiesen ist, Großzügigkeit, Kreativität und Flexibilität nahe. Während also der eine jedes unordentliche Sofakissen zurechtrücken und die Stifte auf seinem Schreibtisch möglichst parallel legen wird, empfindet der andere ein mittleres Chaos in seiner Wohnung als außerordentlich gemütlichen Zustand. Deshalb kann er Socken und Handtücher über Bad und mehrere Zimmer verteilt herumliegen lassen, ohne sich dabei etwas Besonderes zu denken.

Während der Projektionsphase, in der ersten Verliebtheit, werden die sich daraus notwendig ergebenden Konflikte in der Regel nicht oder nur undeutlich wahrgenommen. Danach aber führen sie zu sehr belastenden Frustrationen. Das Tun des Partners wird in vielen Situationen als fremd und nicht nachvollziehbar empfunden und bemerkenswerterweise zugleich als moralisch schlecht oder gar als bösartig abgelehnt. Mit anderen Worten: Die den beiden durchaus unbewußte Gesetzmäßigkeit der Partneranziehung, die Genauigkeitstyp und Geltungstyp zusammenführt, bedeutet von vornherein eine Konfliktprogrammierung, die den dauerhaften Bestand dieser Ehe gefährden kann.

Während es in früheren Jahrhunderten die Ehefrauen üblicherweise als ihre Pflicht ansahen, sich den Bedürfnissen des Ehemannes mehr oder weniger schweigend anzupassen, fragen sich Frauen heute, ob solch ein Schweigen wirklich als Liebe bezeichnet werden darf. Muß wahre Liebe nicht die Entfaltung des Partners, die Überwindung seiner Unreife im Auge haben? Mit dem Reifegrad einer Persönlichkeit hängen so unterschiedliche Bedürfnisse wie die Bewertung von Ordnung oder Sparsamkeit, die positive oder negative Einschätzung von Konflikten, das Angewiesensein auf mehr Nähe oder auf Distanz und vieles andere enger zusammen, als die Partner das ahnen. Kann der, der uns geschaffen hat, die Absicht haben, daß wir für die Hintergründe unseres eigenen Wesens blind bleiben? Die ganze übrige Schöpfung drängt zu reiferen Seinsweisen. Sollte das beim Menschen anders sein? Blind zu bleiben für den Zusammenhang zwischen dem eigenen Verhalten und den in der Kindheit erfahrenen charakterlichen Prägungen bedeutet Einschränkung oder gar Verhinderung des Persönlichkeitswachstums.

In einem der bekanntesten neutestamentlichen Ehetexte, in dem die Liebe der Männer zu ihren Frauen beschrieben wird, wie sie der Schöpfer aller Dinge erwartet, lesen wir für zeitgenössische Ohren Erstaunliches (Epheser 5,25-27). Alle, die in der Bibel ein frauenfeindliches Buch sehen, das Männerherrschaft einseitig festschreibt, sehen sich hier eines Besseren belehrt. Die Männer werden in diesem

Text für die ganzheitliche, das heißt geistliche und persönlichkeitsmäßige Reifung ihrer Frauen verantwortlich gemacht.

Paulus, ein Mann, der mit beiden Beinen mitten im Leben steht, benutzt dafür ungewöhnlich kraftvolle Formulierungen. Er sieht wahre männliche Liebe charakterisiert durch eine Opferbereitschaft, wie sie in der Lebenshingabe Christi für die Seinen zum Ausdruck kam. Mit anderen Worten spricht Paulus dem Mann das Vorrecht zu, seine Selbstsucht und seine egoistischen Bestrebungen um seiner Partnerin willen jeden Tag neu in den Tod zu geben. Wer in diesem Sinne sein Leben zu verlieren lernt, wird auf diesem Weg allmählich ehe- und gemeinschaftsfähig. Er kann das in Vers 27 dieses Textes formulierte Ziel übernehmen, wonach ein Mann für die Entfaltung seiner Frau »zu herrlicher Schönheit ohne Flecken und Runzeln oder irgendeinen derartigen Fehler« zuständig ist. Selbstsüchtiges Pascha-Gehabe und Frauenunterdrückung haben hier gewiß keinen Platz.

Nicht wenige Männer werden bei diesem Text vermutlich von der Angst überfallen, sie könnten zu kurz kommen, wenn sie sich solchen ungewöhnlichen Anforderungen stellen. Doch das hier erwartete Sich-selbst-Verlieren hat eine unerwartet positive Kehrseite. Wer sich nämlich für das Persönlichkeitswachstum seiner Partnerin verantwortlich weiß, wird diese Verantwortung nicht wahrnehmen können, ohne feinfühlig auf die ausgesprochenen und unausgesprochenen Gefühlsregungen des anderen zu achten. Er wird außerdem nicht zurechtkommen, ohne eine für Ehepartner besonders bedeutsame Tugend zu erlernen: die Kunst, sich selbst und die eigene Meinung ruhig in Frage stellen zu lassen. Das schafft die Grundlage zur Einübung einer Kommunikation, die durch Ehrlichkeit ebenso gekennzeichnet ist wie durch die tiefe Annahme des Partners. Daraus ergeben sich Wachstumsprozesse, die eine Fülle neuer Gemeinsamkeiten verheißen. Auch für die Ehe erweist das neutestamentliche Wort »Wer sein Leben verliert, der wird es finden« (Matthäus 10,39) damit eine außerordentliche Aktualität. Die Partner erlernen dabei die Kunst gemeinsamen Wachsens; beide profitieren davon.

Selbsterkenntnis, der erste Schritt zur Veränderung

Der Neubeginn zu einem aus Erstarrung und Verkrustung befreiten Miteinander in der Ehe hat immer eine vertiefte Selbsterkenntnis zur Voraussetzung. Ohne umfassendere Sicht auf das eigene Sein gibt es keine Persönlichkeitsveränderung, sagt uns die Tiefenpsychologie. Der auf Genauigkeit und Sparsamkeit Bedachte muß sich ebenso wie der »kreative Schlamper« der Einseitigkeit seines Erlebens und seiner Verhaltensweisen bewußt werden. Er kann sich nicht länger damit begnügen, nur die positiven Seiten des eigenen Erlebens und Reagierens gelten zu lassen und die eigene Lebensart nach dem Motto anzuschauen: »So wie ich bin, ist's richtig. Wer anders empfindet, liegt schief.«

Es ist jedoch nicht nur wichtig, sich selbst in Frage zu stellen. Die Partner können gleichzeitig ihre Befähigung neu entdecken, sich auf dem Weg zu reiferer Partnerschaft Hilfestellung zu geben, indem sie einander zu tieferem Verstehen der Hintergründe von Ängsten, Unsicherheiten und Gehemmtheiten verhelfen. Dadurch wächst das Verständnis dafür, wie der andere mit seiner Art zu leben den Partner nicht nur ergänzt, sondern – ohne das zu wollen und zu wissen – auch immer wieder beschwert und kränkt.

Das sind schmerzliche Einsichten, die nicht leicht ins Auge zu fassen und zu verkraften sind. Verständlicherweise werden sie deshalb zunächst abgewehrt. Aus einem natürlichen Selbstschutz-Bedürfnis heraus sind wir an der Abwehr alles dessen interessiert, was uns selbst in Frage stellt. Uns Menschen kennzeichnet ein tiefes Bedürfnis nach Verharren im Vertrauten, nach Nichtveränderung. Deshalb liegt uns an der Bewahrung der uns seit Kindheitstagen gewohnten Seelenbilder, von denen unsere Gefühlslage abhängt. Wir könnten auch sagen, unsere infantilen Persönlichkeitsanteile, das Kindische, Unreife in uns, hat ein ungeheuer starkes Beharrungsvermögen. Es erweist sich als äußerst zählebig. Damit hängt zusammen, daß wir uns mit diesen unreifen Anteilen unseres Selbst auch noch als Erwachsene in hohem Maß identifizieren, die infantil-selbstsüchtigen Gefühle und Sichtweisen für völlig berechtigt halten, sie mit Zähnen und Klauen gegenüber dem Partner verteidigen.

Die Aufrechterhaltung des »Status quo«, der aus den ersten Lebensjahren übernommenen inneren Verfassung, ermöglicht es uns, den seit der Kindheit gewohnten Umgang mit dem eigenen Ich und mit den Bezugspersonen fortzusetzen. So kann sich auch ein erwachsener Mann weiterhin als verwöhntes Muttersöhnchen, als schwach und minderwertig fühlen und deshalb von seiner Umgebung fordern, ihn zu beschützen und zu versorgen. Eine erwachsene Frau, die als älteste Schwester mehrere Brüder zu betreuen hatte, kann sich an die Identität einer Spenderin von Pflegeleistungen klammern, weshalb sie ihren Partner in Abhängigkeit und Hilfsbedürftigkeit halten muß. Von solchen Seelenbildern und dem damit verbundenen inneren Bezugssystem trennen wir uns nur äußerst ungern, zumal sie uns ohne Hilfe von außen unbewußt bleiben.

Durch Erfahrungen aus der psychotherapeutischen Praxis wird das bestätigt. Der psychisch kranke Patient tut bewußt alles, um gesund zu werden. Unbewußt dagegen unternimmt er alles, um seine Gesundung zu verhindern. Sie würde nämlich Veränderung der ihm geläufigen inneren Beziehungskonstellation – also des Selbstbilds und der Bilder vom Nächsten – bedeuten. Aber davor fürchtet er sich.

Auch beim sogenannten seelisch Gesunden finden sich diese inneren Beharrungstendenzen. Für den Ehealltag bedeutet das, daß es zu dem in jeder Ehe notwendigen gemeinsamen Persönlichkeitswachstum, das einem vom Schöpfer aller Dinge gegebenen Auftrag entspricht, keineswegs zwangsläufig kommt, weil das einem natürlichen Bedürfnis entspräche. Vielmehr müssen sich die Partner erst einmal über ihre innere Situation und damit auch über ihre beiderseitige Veränderungsbedürftigkeit klarwerden und sich der damit gegebenen Herausforderung trotz innerer und äußerer Widerstände stellen.

Der Erkenntnis der eigenen Einseitigkeit, zum Beispiel »ich bin Genauigkeitstyp« bzw. »Geltungstyp« und der damit verbundenen Reifungsdefizite, dient nun, ohne daß die

Betroffenen zunächst darum wissen können, die Anziehung gegensätzlicher Persönlichkeitsstrukturen in der Ehe. Wer wäre besser geeignet, dem Partner die individuelle Beschränktheit seines Tuns und Lassens zurückzuspiegeln, als der Ehegatte? Der, der sie jeden Tag erneut hautnah zu spüren bekommt, der darunter doch in besonderem Maß zu leiden hat.

Der Genauigkeitstyp, für den sparsam-verantwortungsvolles Geldausgeben sowie peinliche Ordnung und Sauberkeit so vordingliche Anliegen sind, wird durch die großzügige Art seines Partners, zu schenken bzw. Unordnung oder die Realitäten überhaupt zu übersehen, immer wieder verunsichert oder irritiert. Und selbstverständlich ergeht es seinem Ehegatten nicht besser. Vertieft werden diese Spannungen noch durch die beiden Typen gemeinsamen Schwierigkeit, Konflikte offen anzusprechen. Allerdings geschieht das aus ganz unterschiedlichen emotionalen Bedürfnissen heraus.

Wenn die Partner Offenheit leben wollen, die es beiden ermöglicht, ihre noch ungereiften Persönlichkeitsanteile kennenzulernen, so muß zunächst die beiderseitige Angst vor Verletzungen abgebaut werden. Im Austausch über die im Alltag eines Paares häufig auftretenden Verstimmungen und Störungen der Beziehung kann ein offeneres Gespräch in kleinen, geduldig konsequenten Schritten erlernt werden. Diese Arbeit ist mühsam, sie braucht oft Jahre, aber sie zeitigt erstaunlich positive Ergebnisse.

Beziehungen werden dabei echter. Die subjektive Notwendigkeit, voreinander Theater zu spielen, nimmt ab. Ja, die gegenseitige Zuneigung gewinnt in der Regel – Befürchtungen und Ängsten zum Trotz – an Tiefe. Darüber hinaus kommt es – und das ist in unserem Zusammenhang von besonderem Interesse – zu Persönlichkeitsveränderungen, zur Wandlung von zunächst scheinbar hartnäckig-unbeweglichen »Eigenschaften«.

Nach zehn, zwanzig oder dreißig Jahren ist dann beispielsweise der Zwanghafte längst nicht mehr so perfektionistisch. Seine Neigungen zu Geizreaktionen haben nachgelassen, eine verbesserte Konfliktfähigkeit hat sich eingestellt. Seine Partnerin dagegen hat es zunehmend gelernt, sich an Ordnung zu freuen und weniger vor der Realität zu flüchten. So wird es ihr möglich, ihrer eigenen Identität zunehmend auf die Spur zu kommen, was ihre sie so häufig deprimierende Abhängigkeit von der Meinung ihrer Umwelt verringert. Kurz gesagt: Beide Partner haben sich zu reiferem Menschsein entfaltet. Das ihnen vom Schöpfer und Erhalter des Lebens zugedachte Originaldasein ist ein Stück weiter gewachsen. Welches Geschenk!

Die Ehepartner können sich also bei diesem für die menschliche Lebenszielsetzung so bedeutsamen Prozeß gerade inmitten von Krisen und Schmerzen gegenseitig entscheidende Hilfestellung leisten. »Das Ich bildet sich am Du«, weiß Martin Buber. Und der Schweizer Arzt Jürg Willi, Wissenschaftler und Ehetherapeut, bringt diese Chance auf die Formel: »Nicht falsch verstandene, egozentrische Selbstverwirklichung kann das Ziel einer Ehe sein, sondern Wir-Verwirklichung« (Jürg Willi: Ko-Evolution, Reinbek 1985).

Krisen sind sinnvoll

Die in der Partneranziehung wirksamen Gesetzmäßigkeiten führen also, wie der Ehealltag immer wieder neu bestätigt, zu vorprogrammierten, unvermeidbaren Krisen und Auseinandersetzungen. Sie haben nicht nur den Sinn, uns vertiefte Selbsterkenntnis zu vermitteln, sie wollen uns auch zur Entdeckung der Welt, in der der Partner lebt, zur Wahrnehmung seiner ganz anderen Gefühle und Erlebnisweisen führen. So geraten nach und nach gerade die ehelichen Konflikte zu dem Stoff, aus dem allmählich harmonischere Beziehungen erwachsen. Außerdem ermöglichen sie es, mit den Lebensbereichen, in denen Gegensätzlichkeiten bestehen bleiben, gelassener umzugehen.

Für alle Paare, gleichgültig, ob sie den Bund der Ehe vor längerer oder kürzerer Zeit geschlossen haben, ergibt das eine fast atemberaubende und höchst erfreuliche Perspektive. Andauernde und tiefgehende Konflikte zwischen Menschen, die sich einst sehr zugetan waren, lösen normalerweise eher Hoffnungslosigkeit und Resignation aus. Wer aber solche Krisenphasen im obengenannten Sinn zielorientiert betrachtet, dem kann etwas von der unendlichen Weisheit und Barmherzigkeit des Schöpfers aufgehen, die zu Staunen und Dankbarkeit veranlassen.

Zugleich wird auch deutlich, wie unser Verhalten dem Partner gegenüber oft genug von Selbstsucht und Kleinlichkeit geprägt ist, obwohl wir uns doch meist auf unsere Liebesfähigkeit und Toleranz so viel zugute halten. Zugleich wird sichtbar, wie wir ausgerechnet in der Ehe, trotz allem guten Willen und bei besten Vorsätzen, zunächst weit mehr auf Selbstbestätigung und Befriedigung der eigenen Bedürfnisse ausgerichtet sind, als wir uns das selbst zugetraut hätten.

Wer sich nun gerade durch die Unvollkommenheit seines Ehealltags dazu herausfordern läßt, tiefer, das heißt mit dem Herzen zu sehen (St. Exupéry), der beginnt, diese intimste und persönlichste Beziehung, die es unter Menschen gibt, als besondere Berufung zu verstehen. Dostojewski stellte heraus: »Einen Menschen zu lieben heißt, ihn so zu sehen, wie Gott ihn gemeint hat.« Das bedeutet doch wohl, im Partner den bisher nur im Ansatz erkennbaren Original-Schöpfungsgedanken wahrzunehmen und sich relativ uneigennützig um die Entfaltung dieser so noch nie dagewesenen Konzeption eines Menschenwesens zu bemühen, auch wenn dieser Prozeß lebenslang nicht zum Ende kommt. Wenn ich dem Partner in diesem Sinne ehrlich und freimütig Einblick in die Empfindungen gebe, die sein Verhalten in mir ausgelöst hat, schaffe ich bei ihm und bei mir die Voraussetzungen für optimale Selbsterkenntnis und ganzheitliches Wachstum. Dem steht allerdings die Angst entgegen, es mit einem nahestehenden Menschen durch zuviel »Wahrheit in Liebe« zu verderben und ihn auf diese Weise zu verlieren. Solche Befürchtungen bilden für viele Partner ein fast unüberwindliches Hindernis. »Mir geht es doch um besseres Verstehen und Verstandenwerden. Wie kann ich mich dann in einer Art und Weise äußern, die unsere Beziehungen vollends kaputtgehen läßt?« wird hier oft eingewandt.

Solche Bedenken verkennen die tieferen Zusammenhänge, insbesondere die vielfältigen Möglichkeiten zur Verbesserung einer Beziehung, die in den Ehekonflikten enthalten sind. Ausgerechnet Konflikte können die Augen der Beteiligten für ungleich reichere Formen des Lebens zu zweit öffnen. Leiden und Enttäuschungen in der Ehe zielen, bei Licht besehen, auf Bereicherung des gemeinsamen Lebens ab. Vorwurfshaltungen, Haß und Selbstmitleid verstellen den Blick für diese Wahrheit. Selbstsüchtiges Festhalten am eigenen Leben verhindert fruchtbare Ergänzung und das Gelingen von Beziehung und Gemeinschaft. Die tiefgründige Weisheit des Evangeliums unterstreicht an vielen Stellen diese Erkenntnisse, die Psychologie und Psychotherapie erst während der letzten Jahrzehnte zugewachsen sind.

Die Bedeutung solcher Einsichten für Partnerschaft und Lebensbewältigung wird durch die Tatsache, daß sie den modischen Zeitströmungen häufig widersprechen, nur noch unterstrichen. Doch nur selten wird jemand vom Beginn seiner Ehe an für solche Ansichten aufgeschlossen sein. Nach dem Ende der Projektionsphase, wenn die Verliebtheit abnimmt, wachsen bei den meisten Paaren Differenzen und Spannungen. Ihnen wird freilich zunächst nur wenig Beachtung geschenkt. Trotzdem, oder gerade deswegen, erhöhen sich schleichend Unmutsspiegel und innere Verbitterung. Das aktiviert die schon in der Kindheit eingeübten Schutz- und Kompensationsmechanismen. Ganz unversehens gerät die Beziehung jetzt in einen Teufelskreis, aus dem die Partner allein oft nur noch schwer herausfinden. Machen wir uns diesen Vorgang am Beispiel von Erich und Erika klar.

Erika fühlt sich durch Erichs abweisendes, kühles Verhalten entmutigt und abgewertet. Da sie nicht verstehen kann, daß und weshalb Erich diesen Selbstschutz nötig hat, antwortet sie mit Intensivierung der ihr zur Verfügung stehenden Lebenstechniken. Sie paßt sich noch mehr an, bemüht sich darum, »noch lieber« zu sein. Darunter versteht sie die Mobilisierung ihrer Gefühlsreserven, eine noch stärkere Zuwendung. Sie ahnt aber nicht, daß sie gerade dadurch die Ängste Erichs vervielfacht, ihn in immer größere innere Bedrängnis bringt. Wie sollte nun Erich seinerseits anders reagieren, als mit den Beziehungstechniken, die er schon in Säuglings- und Kindheitstagen bei Bedrohung eingeübt hat, nämlich mit noch mehr Rückzug? Da Erika die dahinterstehende Hilflosigkeit nicht erkennen kann – so wie das umgekehrt auch bei Erich gegenüber Erika der Fall ist –, dreht sich die Spirale immer weiter und immer schneller.

Der einzige Ausweg aus dieser hoffnungslosen Lage, nämlich aus dem programmierten Zwang der alten Beziehungsmuster auszusteigen, kommt weder Erich noch Erika in den Sinn. Sie müssen sich erst einmal darüber klarwerden, daß ihnen noch ganz andere Handlungsinstrumente und Möglichkeiten des Reagierens zur Verfügung stehen als die ihnen bisher vertrauten, von Kindheit an eingeübten Techniken. Das wird ihnen aber erst möglich sein, wenn sie anfangen, unter der Enge ihres bisherigen Erlebens und Verhaltens zu leiden. Neue Beziehungsformen, mit deren Hilfe alle beide sehr viel angemessener als bisher miteinander umgehen könnten – weil ihr Handlungsspielraum nicht länger auf zwei oder drei Reaktionsweisen beschränkt bliebe –, würden sie aus dem neurotischen Teufelskreis herausführen.

Die Situation von Erich und Erika ist also trotz ihrer großen Gefühlsdifferenzen gar nicht so ausweglos, wie sich das aus ihrer eigenen Sicht darstellt. Nur einige wenige, allerdings recht tiefreichende Einsichten und die sich daraus ergebenden Reifungsschritte trennen sie von einer neuen Gemeinsamkeit, neuem Verstehen, tieferer Begegnung. Alles hängt davon ab, daß das Gefängnis ihrer Blindheit aufgebrochen wird und sie in den weiten Raum neuer Wahrnehmung und reiferer Beziehung eintreten. Genau das ist die Grundsituation der meisten Paare, die vor scheinbar unlösbaren Beziehungsschwierigkeiten stehen.

»Ein Neuanfang überfordert meine Möglichkeiten«

Gewiß werden sich die Partner bei dieser mühsamen und langwierigen »Einübung von Wir-Verwirklichung« immer wieder einmal überfordert fühlen. Zustände von Mutlosigkeit und Resignation werden sie überfallen, der Gedanke an Trennung, nach dem Motto: »Ich kann nicht mehr, jetzt ist es genug. Lieber ein Ende mit Schrecken als diesen Schrecken ohne Ende«, wird sich aufdrängen. Doch solche Phasen der Niedergeschlagenheit und der Entmutigung sollten nicht überbewertet werden. Jeder Mensch ist Stimmungsschwankungen unterworfen. Und gerade die Stimmungstiefs beeinträchtigen unsere Wahrnehmung noch mehr. Das Gespräch zu dritt mit einem objektiven Gegenüber, das aus einem ausreichenden emotionalen Abstand die Situation klarer zu sehen vermag, stellt oft eine wichtige Hilfe dar.

Erika und Erich nahmen »ganzheitliche« seelsorgerliche Hilfe in Anspruch. Darunter ist eine Beratung zu verstehen, die drei für das menschliche Leben grundlegende Beziehungen einschließt:

a) die Beziehung zu sich selbst,

b) die Beziehung zu den Mitmenschen,

c) die Beziehung zum Schöpfer aller Dinge.

Aufgrund alter Traditionen und eingefahrener Denkschemata wird häufig im Bereich der Seelsorge nur die Beziehungsebene c) ins Auge gefaßt, nicht selten wird sie gar als Alternative zu a) und b) gesehen. Damit wird dann die Auffassung vertreten: Wenn die Beziehungen eines Menschen in Ordnung gebracht wurden, wenn er durch die Vergebung ein Kind des Allerhöchsten geworden ist, dann kann er getrost auf Erkenntnisse aus Psychologie und Psychotherapie verzichten. Er hat doch für die wesentlichsten Fragen seines Lebens die entscheidenden Lösungen gefunden.

Zweifellos ist diese Argumentation grundsätzlich richtig. Doch die volle Wahrheit stellt sie nicht dar. Das beweist allein schon die große Anzahl von seelischen Störungen, die sich auch bei ganz aufrichtigen Christen finden.

Noch stärker wiegt aber die Ausgrenzung der Natur, des Geschaffenen, die wir sowohl in vielen theologischen Schulen wie auch in der Lebenspraxis vieler Christen vorfinden. »Wer richtig glaubt, der ist seelisch gesund. Ein Christ hat mit sich und mit seinen Bezugspersonen keine wesentlichen Schwierigkeiten.« Solche oder ähnliche Meinungen bestimmten – mit Sicherheit nicht zum Vorteil der Betroffenen – das Miteinander in vielen christlichen Gemeinden. Diejenigen, die solche Thesen verbreiten, nehmen in der Regel gar nicht zur Kenntnis, daß sie zum einen wesentliche Aussagen der Schrift außer acht lassen. Zum anderen aber entziehen sie ihre Lebenspraxis, insbesondere auch ihre zwischenmenschlichen Beziehungen, dem Wandlungsprozeß, den das Neue Testament als Heiligung bezeichnet. Wegen der zentralen Bedeutung, die diesem Vorgang für Leben und Glaubwürdigkeit der Christen zukommt, ist es notwendig, daß wir an dieser Stelle etwas weiter ausholen.

Die Bibel macht uns an vielen Stellen deutlich, daß sich der lebendige Gott den Menschen nicht nur im Kommen seines Sohnes vorgestellt hat. Schon seit der Erschaffung der Welt läßt sich sein unsichtbares Wesen mit dem geistigen Auge *an seinen Werken* erkennen (Römer 1,20). Wer wollte bestreiten, daß zu seinen Werken vor allem auch der Mensch gehört wie auch die Rätsel, die mit der menschlichen Existenz verbunden sind.

Ein solches Rätsel stellt zum Beispiel die Anziehung gegensätzlicher Persönlichkeitsstrukturen in der Partnerwahl dar, wie sie in den vorangegangenen Kapiteln mehrfach angesprochen wurde. Gerade mit der Wahl eines gegensätzlichen Partners gewinnt die eheliche Gemeinschaft ein kaum je ganz auszuschöpfendes Potential für die Persönlichkeitsreifung der Partner. Offensichtlich handelt es sich um ein Geheimnis, dessen Sinn sich gerade dem erschließt, der über die Absichten und Zielsetzungen des Schöpfers nachdenkt. Gleiches kann von den unzähligen anderen Phänomenen gesagt werden, die uns beim alltäglichen Zusammenleben insbesondere in Konfliktsituationen begegnen. Mit den einschlägigen Beispielen haben wir ständig zu tun, nur macht es uns Mühe, sie als Geheimnisse des Schöpfers zu verstehen und zu erkennen, was er damit vor hat.

Eltern erhalten mit ihren Kindern ein großes Geschenk. Sie müssen die Kinder aber Schritt für Schritt wieder freigeben, in die Selbständigkeit entlassen, wenn die Beziehung auf die Dauer gut bleiben soll. Die Notwendigkeit, Abschied zu nehmen, durchzieht unser ganzes Leben. Warum macht uns der Schöpfer aller Dinge, der es doch nach der Bibel gut mit uns meint, mit diesem Tatbestand das Leben so schwer?

Bei Erika sehen wir, um noch ein weiteres Beispiel zu nennen, wie sie ihre eigene Hilflosigkeit, ihre Abhängigkeit von anderen Menschen und ihre depressiven Gefühle unbewußt durch eine Helferrolle zu kompensieren versucht. Früher oder später wird dieser Versuch scheitern müssen.

In unzähligen Ehen läuft im Prinzip ähnliches ab, so daß für solche Partnerkonstellationen ein eigener Fachbegriff geschaffen wurde: das psycho-soziale Arrangement. Über eine soziale Beziehung zum Partner sollen die Auswirkungen ungereift (infantil) gebliebener Bedürfnisse ausgeglichen werden, soll die eigene Seelenverfassung (Psyche) stabilisiert werden.

Nur wenige Menschen vermögen – es sei denn aufgrund spezifischer Fachkenntnisse – solche vielschichtigen Zusammenhänge auf Anhieb zu durchschauen. Ein Christ hat an dieser Stelle das Vorrecht, zunächst einmal diesen Geheimnissen mit Demut und Ehrfurcht, im Respekt vor der Weisheit des Schöpfers, gegenüberzutreten und sich darum zu bemühen, diese Geheimnisse seines himmlischen Vaters soweit wie möglich kennen- und verstehen zu lernen. Das kann zum Beispiel dadurch geschehen, daß er über die auf Erkenntnisse der Humanwissenschaften beruhende einschlägige Literatur oder über Weiterbildungskurse, wie sie im Raum der Gemeinde heute zahlreich angeboten werden, zur Kenntnis nimmt, welch tiefe Weisheit in der menschlichen Person und ihren Lebensäußerungen zum Ausdruck kommt. (Angebote finden sich zum Beispiel bei der von Prof. Dr. Dieterich ins Leben gerufenen und geleiteten Deutschen Gesellschaft für biblisch-therapeutische Seelsorge, Justinus-Kerner-Weg 1, 71394 Kernen im Remstal, im von Reinhold Ruthe gegründeten Magnus-Felsenstein-Institut für angewandte therapeutisch-beratende Seelsorge, Offertstr. 12, 42551 Velbert, oder auch bei der Offensive Junger Christen, Postfach 1220, 64385 Reichelsheim. Diese und andere Institutionen bieten auch mehrtägige Eheseminare an, die vielen Paaren entscheidend weiterhelfen können.)

Aus solchen Erkenntnissen werden Aufgabenstellungen deutlich. So zum Beispiel das Erlernen von gemeinschaftsförderndem Umgang mit gegensätzlichen Empfindungen und Gefühlen. Mit vollem Recht läßt sich in diesem Zusammenhang vom »Streitenlernen« reden. Ein bekanntes Buch über Partnerschaftsprobleme trägt den Titel »Streiten verbindet«. Auch das lebenslange Abschiednehmen vom Vertrauten und Gewohnten gehört zu diesen Aufgaben. Jeder bejahte Abschied öffnet die Augen für die Entdeckung bisher unbekannter neuer Lebensräume. Vor allem geht es aber bei solchen inneren Wandlungs- und Veränderungsprozessen immer wieder um das tiefere Ansichtigwerden der eigenen Person, einschließlich ihrer Grenzen und Entwicklungsrückstände, was in engem Zusammenhang mit einem verbesserten Zugang zu der Welt steht, in der der Nächste lebt.

Auf den ersten Blick handelt es sich also bei diesem Aufgabenbereich nur um die Beziehungsebenen a) und b), auf denen es anstelle von zwiespältigen Empfindungen, statt Haß und Selbstsucht, zu belastungsfähigem Offensein und vorbehaltloser Annahme des Nächsten ebenso kommen sollte wie zur Befähigung, die eigene Sicht liebevoller und ehrlicher darzustellen. Die reifere Persönlichkeit ist auch fähig zur gesunden Kritik und zu offenem Konflikt.

Wer sich als Christ solchen Wachstumsnotwendigkeiten stellt und damit die ihm aus der Schöpfungskonzeption mit ins Leben gegebenen Hausaufgaben an sich selbst und seinem Nächsten ernst nimmt, der wird sich seiner eigenen Grenzen neu bewußt. Er wird erfahren, daß er gera-

46

de zur Bewältigung dieser Aufgaben die Kräfte und die Leitung nicht entbehren kann, die der Gute Hirte anbietet. Nur in der Zentrierung auf den, der uns geschaffen hat, können wir Menschen uns in der Tiefe loslassen, können wir von uns selbst freiwerden.

Damit wird zugleich deutlich: Es ist unsinnig, das Wissen um Schöpfungsgeheimnisse, das in Psychologie und Psychotherapie in Fülle zu finden ist, in einen Gegensatz zum Versöhntsein in der Gotteskindschaft zu bringen. Beides gehört doch zusammen. Ebenso wie der zweite Glaubensartikel von Jesus, dem Erlöser, untrennbar mit dem ersten und dritten vom Schöpfer und vom Wirken des Heiligen Geistes verbunden ist. Eine Vertiefung der Beziehungsebene c) steht in einem engen Zusammenhang mit der Klärung und Weiterentwicklung der Beziehungen zum eigenen Selbst und zum Partner. Diese Verflechtung hat Jesus auf die einprägsame Kurzformel der beiden nach ihm wichtigsten Gebote gebracht:

1. Du sollst zu Gott eine tiefe Beziehung der Liebe, ein Liebesverhältnis gewinnen.

2. Du sollst deine Nächsten, diejenigen Menschen, mit denen du während deiner Lebenszeit zu tun hast, ebenso lieben wie dich selbst. Ihre Interessen sollen dir also ebenso wichtig sein wie deine eigenen (Markus 12,28-31). Anders ausgedrückt: Jesus von Nazareth will, daß unsere Beziehungen zum Schöpfer, zum Nächsten und zum eigenen Selbst verwandelt werden. In einem wachstümlichen Prozeß sollen diese Beziehungen immer tiefer und umfassender von Liebe bestimmt sein, was in einem immer tieferen Kennenlernen und Verstehen zum Ausdruck käme.

Neubeginn ihrer Beziehungen heißt demnach für Erich und Erika zunächst einmal, auch eine Bestandsaufnahme ihres Christseins zu riskieren. Haben sie sich der lebendigen Beziehungs- und Wachstumsdynamik ausgesetzt, die diesem Sein angemessen ist, oder sind sie in einem Gewohnheits-Christentum eingeschlafen und erstarrt, das sie nötigt, aus den Gotteserfahrungen von vorgestern zu leben?

Beide könnten dann unter Berücksichtigung ihrer Vorgeschichte bzw. Kindheitserfahrungen ihre aktuellen Konflikte neu miteinander bedenken und die Frage zu beantworten versuchen: »Wer bin ich eigentlich? Und wer bist du, mein Partner? Hinter all den Rollen, die der Alltag aufnötigt, hinter den Masken, die wir zum Selbstschutz tragen?« Die Kenntnisnahme äußerer Verhaltensweisen und oberflächlicher Gesprächsinhalte reichen dafür nicht aus. »In welcher inneren Welt befinde ich mich, befindest du dich? Welche Gefühlsbrille tragen wir, die alles Erleben subjektiv verzeichnet? Welche Art zu reagieren ist mir bzw. dir zu eigen, den inneren, uns weithin unbewußten Bedürfnissen Ausdruck gibt? Welche Verletzungen und Selbstschutzmanöver löst mein Reden und Handeln bei dir aus?«

Solche ungemein trächtigen und für ein tieferes Verstehen und harmonischere Ehephasen außerordentlich bedeutsamen Fragen lassen sich nicht in *einem* Gespräch erledigen. Sie berühren das innerste Sein. Nur in einem regelmäßigen, über Jahre fortgesetzten und immer tiefer schürfenden Austausch können sie erhellt werden.

Mit anderen Worten: Die Partner benötigen eine gehörige Portion an Tragkraft in Geduld, um den Neuanfang realisieren zu können. Wenn Erika etwas davon begreift, wie ihre so liebevoll gemeinte Zuwendung zugleich sehr egozentrisch, das heißt auf tiefe eigene Bedürfnisse hin ausgerichtet ist, wird sie sich von dieser schmerzvollen Selbsterkenntnis zunächst fast vernichtet fühlen. Sie benötigt ein hohes Maß an Tragkraft und Stehvermögen, um sich solchen Einsichten zu stellen.

Dasselbe gilt für Erich, wenn er den empfindsamen, hilflosen kleinen Jungen ins Auge zu fassen beginnt, der hinter der Fassade des intelligenten, immer auf vorbildliche Pflichterfüllung bedachten Gemeindeältesten in bestimmten Situationen brutale Verletzung und Demütigung der Partnerin nötig hat. Bewußt will Erich seiner Frau nicht schaden; es ist ihm ja auch zuzugestehen, daß diese Verhaltensweisen in keiner Weise als bewußte Bosheit oder andere moralische Verwerflichkeit angesprochen werden kann. Für Erichs »kleinen Jungen« war vor allem der Selbstschutzeffekt wichtig, der solche »Gemeinheiten« nötig hatte. Um innerlich zu überleben, wurde der Nächste »fertiggemacht«.

Für den, der sich in dieser Weise auf die Spur kommt, brechen Welten zusammen. Eine vorher nicht für möglich gehaltene Schärfung des Gewissens stellt sich ein. Ein neues, viel tieferes Wissen um echte Schuld entsteht, wenn ein Mensch sein Leben, sein ganzes Tun und Lassen im Licht der göttlichen Schöpfungsgeheimnisse und Sinnzusammenhänge zu sehen beginnt. Kein Wunder, wenn sich auch viele Christen der Aufhebung ihrer Seelenblindheit widersetzen und es sehr viel angenehmer finden, beim bisher praktizierten Routine-Christentum stehenzubleiben. Diese Art von Frömmigkeit hat Jesus gegenüber den Frommen seiner Zeit immer wieder als Heuchelei bezeichnet.

Auch Erich kann aus seinen verkrusteten Schutzmechanismen nur herauskommen und sich den Verlust seines bisherigen Selbstbilds vom »untadeligen Ehrenmann« nur zumuten, wenn ihm ein neues Kraftreservoir erschlossen wird. Er muß es nur lernen, sehr viel mehr von dem in Anspruch zu nehmen, was der Auferstandene für ihn bereithält.

Wer sich selber stärker in Frage stellen läßt, der nimmt damit stärkeres Leiden an seiner eigenen Person in Kauf. Im Verein mit einer tieferen Kommunikation mit dem Guten Hirten führt dieser schmerzliche Prozeß zu einem neuen Offensein für den Partner. Es entsteht eine größere Bereitschaft zur Annahme seiner Schwächen und seiner personalen Wirklichkeit anstelle des bisherigen Bezogenseins auf ein illusionäres Ideal, auf ein idealisiertes Traumbild.

Zum Neuanfang gehört es dann aber auch, daß sich Erika daran gewöhnen muß, ihre Gefühle Erich dosierter entgegenzubringen. Sie kann Augenmaß dafür gewinnen, wie weit sie gehen kann, ohne seine Toleranz zu sehr zu strapazieren. Freilich kann Maßstab ihres Verhaltens keineswegs nur das sein, was für ihn bequem und angenehm ist. Wenn es zu ihren wichtigsten Lebensaufgaben gehört, Erich den Ausstieg aus dem Gefängnis seines Mißtrauens und seiner Ängste zu ermöglichen, dann muß sie ihm auch etwas zumuten. An ihr als seinem besseren, verantwortungsbereiten Gegenüber kann er lernen, sowohl seine eigenen wie auch ihre Gefühle angstfreier wahrzunehmen und zuzulassen. Das wird nur in einem längeren Einübungsprozeß geschehen können, für dessen Gelingen liebevoll abgewogene Herausforderungen und Provokationen von seiten Erikas sehr hilfreich sein werden.

Hat Erich erst einmal erkannt, daß er sich den jäh in ihm aufschießenden Impulsen des kleinen Jungen (das heißt also seinen infantilen Persönlichkeitsanteilen) keineswegs so naiv überlassen und sein Handeln nicht von ihnen bestimmen lassen muß, so werden ihm neue Reaktionsweisen zugänglich. Er wird allmählich immer mehr innere Entlastung und Befreiung von seinen angestauten Gefühlen finden, indem er Erika Zugang zu seiner bisher so sorgsam gehüteten Innenwelt gibt. Erich wird dabei Erikas Bedürfnisse neu sehen und ihnen besser Rechnung tragen lernen. Er kann dann ganz bewußt dafür Verantwortung übernehmen, daß Erika in der Beziehung zu ihm ihr Menschsein entfaltet und gesunde Ichstärke, Eigenständigkeit und ein normalisiertes Selbstwertgefühl gewinnt. Die Lasten und Mühsale, die er sich dabei selbst zumutet, werden ihn in der eigenen Persönlichkeitsentwicklung voranbringen. Sie tragen zur Verringerung seiner eigenen frühen Defizite ebenso bei, wie sie andererseits die Basis des gemeinsamen Lebens mit Erika verbreitern und vertiefen.

Ist es erstaunlich, daß solche revolutionären Prozesse immer wieder einmal von Phasen der Resignation, Müdigkeit und Hoffnungslosigkeit begleitet werden? Gerade diese Zeiten sind geeignet, den Leidensdruck zu verstärken, der zu einer neuen Sicht der umgebenden Menschen und der Konfliktsituationen herausfordert. Auch die bisher unausgeschöpften Kraftreserven, von denen schon mehrfach die Rede war, sind in einem Entdeckungsabenteuer besonderer Art aufzuspüren. In der Bibel wird immer wieder von einzelnen Menschen oder ganzen Gruppen berichtet, die das Ende ihrer Möglichkeiten mit großer Niedergeschlagenheit erlebten. Das entspricht Erfahrungen, denen sich jeder Mensch im Laufe seines Lebens mehrfach ausgesetzt sieht. Insbesondere trifft das für unser – vorläufiges – Ausgeliefertsein an unsere frühkindlichen Prägungen zu, wie das am Beispiel von Erika und Erich deutlich wurde.

Wer die dominierende Wirksamkeit der frühen Prägungen für sein Erleben und sein Verhalten aus den Tiefendimensionen seiner Seele zur Kenntnis nimmt, wird nicht selten von einem Gefühl der Ohnmacht und der Hilflosigkeit überwältigt.

Auf diesem Hintergrund menschlicher Armut und Begrenztheit wird verständlich, was der bekannte Sozialpsychologe Erich Fromm als die beiden menschlichen Grundbedürfnisse herausstellt. Zum einen das Bedürfnis nach Hingabe – der Mensch ist sich selbst zu wenig, er braucht etwas Höheres als Mitte und Ziel seines Lebens. Zum anderen das Bedürfnis nach Orientierung – der Mensch ist überfordert, den Kurs seines Lebensschiffs aus sich heraus zu bestimmen. Er braucht Orientierung von außen; in der Regel erwartet er sie von der Instanz, die er als höchsten Wert seines Lebens gewählt hat. Von diesem Wert, an den er sein Herz zu hängen pflegt, läßt er seine Wertorientierung und damit sein Hingabeobjekt bestimmen. Die Entscheidung, sein Leben durch Daseinsinhalte wie Reichtum oder Machtstreben füllen zu lassen, ist ebenso als Form der Befriedigung dieser Grundbedürfnisse anzusehen wie der Entschluß, sein Leben ganz auf den Schöpfer und Erhalter des Alls auszurichten. Jesus hat es – wie schon erwähnt – als die wichtigste Angelegenheit unseres Lebens bezeichnet, dieses Gegenüber zu finden und für eine lebenslang wachsende Beziehung der Liebe zu ihm Sorge zu tragen (Markus 12,30).

Eine Liebesbeziehung dieser Art zielt darauf ab, unserem Leben eine neue Grundlage zu geben. Sie soll nicht nur unsere Beziehung zu allen Menschen verändern, sondern auch die zu uns selbst. Eben deshalb bekommen eigene Hilflosigkeit und Schwäche einen neuen Stellenwert. Wir vermögen sie im Rahmen der Liebesbeziehung zum Vater im Himmel als Gewinn und Bereicherung anzusehen. Das ermöglicht es, mit den eigenen Defiziten und Schwächen auf neue und außergewöhnliche Weise umgehen zu lernen. Ohne Heuchelei und scheinheiliges Theaterspiel kann das eigene Herz vor dem, der uns ohnehin bis auf den Grund unseres Herzens durchschaut, geöffnet werden. In seiner Gegenwart können wir uns zu unserer Mut- und Kraftlosigkeit, zu Haß und Rachegedanken, zu Selbstmitleid und Unversöhnlichkeit bekennen und gleichzeitig um Vergebung und Erneuerung bitten.

Das verändert zwar die äußere Situation nicht in jedem Fall auf der Stelle, aber das anhaltende Gespräch dieser Art leitet eine Liebesbeziehung mit Gott ein oder vertieft sie in einem Erneuerungsprozeß. Wem es aufrichtig darum zu tun ist, daß der Wille Gottes in seinem Leben – und das heißt nicht zuletzt auch in seiner Ehe – geschieht, der braucht sich angesichts der eigenen Armut weder von der Hoffnungslosigkeit überwältigen zu lassen noch über dem »schlechten Charakter« des Partners zu verzweifeln. Statt dessen kann er aus der Neuorientierung auf den lebendigen Gott Kraft, Mut und Hoffnung schöpfen. Der Apostel Paulus liefert uns für diesen veränderten Umgang mit leidvollen Erfahrungen und eigener Ohnmacht ein anschauliches Beispiel. Im 2. Korintherbrief schildert er uns, wie er im freimütigen Gespräch mit seinem Vater im Himmel schwere Krankheit und die damit verbundenen Schwächen, Notlagen und Krisen zu bejahen, ja dafür dankbar zu sein gelernt hat (Kap. 12,7-10).

Dankbarkeit über Leiden und Enttäuschungen?

»Dankbar?« wird mancher Leser fragen, »habe ich richtig gelesen? Soll ich jetzt tatsächlich auch noch für die Krisen meiner Ehe dankbar sein?« Ist das nicht unmenschlich, stellt das nicht eine totale Überforderung dar?

In der Tat, diesem Einwand ist eine gewisse Logik nicht abzusprechen. Im allgemeinen erwartet der Mensch vom »lieben Gott« (sollte es ihn geben, denkt mancher an dieser

Stelle) Fürsorge für sein Wohlergehen und insbesondere rücksichtsvolle Bewahrung vor Unglück, Schmerz und Leiden. Das trifft auch für die Erwartungen von Christen im Blick auf ihre vor dem Traualtar geschlossene Ehe zu. Kommt der Allmächtige diesen »Verpflichtungen« nicht nach, dann meinen nicht wenige, sie seien dazu berechtigt, sich in einen Schmollwinkel zurückzuziehen und Gott zu trotzen. »Wie konntest du nur, wenn du's wirklich gut mit mir meinst? Du hättest doch die Möglichkeit gehabt, dieses Unglück zu verhindern! Du mutest mir also unnötiges Leiden zu, das ich nicht verdient habe. Das nehme ich dir übel.« Ist es zumutbar, aus solch einer Verfassung heraus nun plötzlich von Anklage und Aufbegehren auf Dankbarkeit umzuschalten? Ist solch eine Wandlung nicht gänzlich utopisch?

Gerade an dieser Stelle kann etwas von der unglaublichen Dynamik der »frohen Botschaft« deutlich werden, die nichts weniger sein will als ein abstraktes Gedankengebäude, zusammengesetzt aus theologischen Lehrsätzen. Paulus nennt das Evangelium »eine Kraft Gottes« (Römer 1,16). Diese Kraft wirkt sich nicht nur in einer Neuorientierung hinsichtlich der Ziele und Werte eines Menschen aus. Auch sein Geschmack an dem, was ihm Freude bereitet, wovon er sich Glück und Leben verspricht, verändert sich. Das zeigt eine tiefe innere Wandlung an. Neue, bisher verborgene Kraftquellen werden zugänglich, wenn ein Mensch damit beginnt, seine Widerstände gegen die Wege und Möglichkeiten des Allmächtigen aufzugeben.

Das Evangelium wird deshalb »frohe Botschaft« genannt, weil in Jesus Christus das menschliche Herz vom ewigen Schwanken zwischen Unruhe, Schuldbelastung und guten Vorsätzen – mit denen bekanntlich der Weg zur Hölle gepflastert ist – grundsätzlich befreit wird, auch wenn sich die damit verbundenen Wachstumsprozesse über das ganze Leben erstrecken. Praktisch bedeutet das eine Art von Existenzneugründung in einem veränderten Bezugssystem. In dieser neuen Verfassung braucht kein Unglück, auch nicht mehr die eigene Ohnmacht, gefürchtet zu werden, »denn du bist bei mir« (Psalm 23,4). Dieses

Niemals-allein-gelassen-Sein ermöglicht, ganz unabhängig von der jeweiligen Gefühlslage, eine Grundhaltung der Dankbarkeit und Freude, auch inmitten der großen und kleinen Frustrationen des Alltags. Letztere bekommen einen neuen Stellenwert. Sie werden als Heim-Suchungen erfahrbar, hinter denen ein uns liebender Vater steht. Er will uns nach Hause führen, in eine tiefe Lebensbeziehung zu ihm, der uns ins Leben gerufen hat und uns in der Kommunikation mit sich zu einmaligen Originalen entfalten will.

In den Enttäuschungsphasen unseres Lebens nehmen wir wahr, daß unser Leiden bisher Verborgenes aus der Tiefe unserer Seele ans Tageslicht zu fördern vermag. Halb- oder Unbewußtes, Mißtrauen und Vorwürfe, Enttäuschungen und Vorbehalte treten ins Bewußtsein. Jetzt können diese Wachstumshindernisse einer Bearbeitung zugeführt werden. Wer trotz seiner leidensbedingten Schmerzen solche Klärung und Bereinigung seiner Beziehung zu Gott riskiert, wird erfahren, wie zunehmend Treue und Fürsorge des »Vaters der Barmherzigkeit« (1. Korinther 1,3) in seinem Alltag greifbar werden. Jeder, der auf diese Weise entdeckt hat, daß das Leben gerade nach Unglück und Enttäuschung noch einmal neu beginnen kann, ist herausgefordert, sich diesem unbegrenzt verläßlichen Gegenüber vertrauensvoller zu öffnen. Das gilt auch dann, wenn die eigenen Wünsche und Vorstellungen nicht erfüllt werden, wie das den Erfahrungen des Ehealltags immer wieder entspricht.

Hilflosigkeit und Schwäche sind kein Hindernis

Souveräne Ruhe und Gelassenheit sind keineswegs Voraussetzung für das Angehen zwischenmenschlicher Beziehungskonflikte. Das sei all denen zum Trost gesagt, die im Widerstreit ihrer Empfindungen und im Chaos ihrer Gefühle nicht mehr wissen, ob sie sich überhaupt noch auf sich selbst verlassen können. Trotz unserer Ängste und Unsicherheiten können wir uns den Folgen der eigenen Vorgeschichte und der des Partners mutig und verantwortungsbereit stellen, indem wir unsere Grenzen in zuversichtlichem Vertrauen annehmen. Das wird im Aufblick zum Auferstandenen und im Dank gegenüber dem Schöpfer alles Lebens möglich. Auf diese Weise läßt sich die Erfahrung der Frommen des Alten Testaments in unserer Zeit wiederholen, wonach für »den Arm des Herrn« keine Situation zu schwierig ist, in der er nicht helfen könnte (Jesaja 59,1).

An dieser Nahtstelle tritt uns das biblische Menschenbild besonders deutlich vor Augen. Danach ist der Mensch einfach nicht geschaffen für eine »splendid isolation«, für eine einsame, unabhängige Lebensbewältigung. Ganz im Gegenteil ist er für eine Zweier-Beziehung mit seinem Schöpfer konstruiert. Wenn Partner sich unter Gottes Führung stellen und die väterlichen Möglichkeiten in Anspruch nehmen, wird ihr Leben in eine veränderte Kräftekonstellation hineingenommen. Selbst außerordentlich gegensätzliche Partner erhalten so eine realistische Chance, inmitten ihrer spannungsreichen Beziehungen zu Originalen zu werden, als die sie von ihrem Schöpfer gedacht sind. Daß daraus kein passiv-bequemes Abschieben aller Verantwortung auf den »lieben Gott« verstanden wird, sondern eine Herausforderung zu engagierter Auseinandersetzung und Veränderung, versteht sich nach den bisherigen Ausführungen von selbst.

Trotz all dieser positiven Aspekte werden Eheleute jedoch auch nach Jahren immer wieder einmal von frustrierenden Erfahrungen überfallen. Nicht nur eigene Ohnmacht und Angst belasten sie. Auch die problematischen Charaktereigenschaften des Partners und sein Nichtverstehen können jederzeit wieder schockierend in Erscheinung treten.

Doch die bis dahin in Krisen und Tiefs gewonnene Erfahrung: »Was mich nicht umwirft, macht mich stärker«, sowie der in der äußersten Armut und Ohnmacht gewonnene Durchblick auf das Eigentliche und Wesentliche verringert den Schrecken vor den früher so gefürchteten Dissonanzen. Sie brauchen nicht länger Anlaß zu Hoffnungslosigkeit und Verzweiflung zu sein. Dunkle Zeiten, in denen sich die Sonne hinter den Wolken verborgen hält, gehören zum Leben.

Stimmungstiefs im Verein mit Überarbeitung oder körperlicher Unpäßlichkeit verführen allzu leicht dazu, sich in alte, längst überwunden geglaubte Gefühle versinken zu lassen. Die infantilen Anteile melden sich plötzlich wieder zu Wort: »Laß es doch bleiben. Mit all deinen Mühen bringst du ja doch nichts zustande.« Die jahrelange Aufbauarbeit scheint vergeblich, die Mißverständnisse treten katastrophaler denn je in Erscheinung.

Von solchen Rückfällen in alte Lebensweisen sollte sich niemand ins Bockshorn jagen lassen. Der Absturz in das dunkle Loch infantiler Schwarzseherei, der Ehepaare nach Jahren guten Fortschritts so unversehens durcheinanderbringen kann, ist normale Begleiterscheinung aller Reifungsprozesse. Solche Regressionen, wie sie in der Fachsprache genannt werden (Rückzug in alte, im Grunde genommen längst überwundene Entwicklungsphasen), verlieren allmählich immer mehr an Gewicht. Zudem: In den Horizont der Möglichkeiten des Auferstandenen ist auch die Befreiung von solchen lähmend-unfruchtbaren Reaktionen immer eingeschlossen. »Siehe, ich stehe vor der Tür und klopfe an. Wenn jemand meine Stimme hört und die Tür auftut, so werde ich bei ihm eintreten« (Offenbarung 3,20). Für diese situationsverändernde Begegnung ist es ohne Bedeutung, ob sich der Öffnende im Augenblick am Ende seiner Möglichkeiten sieht. Ganz im Gegenteil vermag dieser Umstand das anschließende »gemeinsame Mahl« um so fruchtbarer zu machen.

Gemeinschaft fördert Reifung

Heil und Heilung sind nach dem Verständnis des Neuen Testaments keineswegs nur als individuell zu besitzendes Gut gedacht. Die umfassende Erneuerung und Verwandlung, die dem Menschen gerade auch im Zusammenhang mit seinen Lebenskrisen und Beziehungsproblemen zugedacht sind, können sich optimal nur im Rahmen von Gemeinschaft ereignen.

Die Bibel veranschaulicht diesen Sachverhalt durch das Bild vom Leib mit seinen verschiedenartigen Gliedern. Jedes Glied – gleichgültig, ob es sich um Auge, Herz, Magen, Arm oder Bein handelt – ist eingebettet in das Zusammenwirken des Gesamtorganismus, der die existentiellen Bedürfnisse des einzelnen Gliedes sicherstellt und es gleichzeitig mit der Übernahme einer bestimmten Funktion für das Ganze betraut. Falls Herz oder Magen isoliert vom Leib auf der grünen Wiese angesiedelt werden könnten, so hätten sie dort weder Sinn noch Überlebenschancen. Denn ebenso wie alle Glieder auf die Funktionen von Herz und Magen angewiesen sind, benötigen diese Organe das Engagement der übrigen Glieder.

Diese einfachen und für unser menschliches Zusammenleben doch so grundsätzlich bedeutsamen Einsichten hat der moderne Mensch in seiner Zentrierung auf Unabhängigkeit und Wahrung der eigenen Interessen weithin aus den Augen verloren. Gerade im Bereich der Gemeinden führt das zu schmerzlichen Konsequenzen. »Der Mensch ist für sich selber blind, er kann sich nur im Spiegel der anderen erkennen«, lautet eine psychologische Grundeinsicht. Die Gemeindeglieder, die sich gegenseitig dieses Feedback verweigern bzw. sich ihm entziehen, bleiben für ihr eigenes Sein, für ihre persönlichen Defizite, für die Einseitigkeit ihrer Beziehungen vielfach blind. Die Beseitigung dieses Mangelzustandes wird durch die Alibis, die ihn erklären sollen, erschwert oder gar unmöglich gemacht. Einer der häufigsten Rechtfertigungsversuche an dieser Stelle lautet: »Als Christ bin ich zur Liebe gegenüber allen Menschen, insbesondere gegenüber den Mitchristen verpflichtet. Das schließt doch selbstverständlich Rückmeldungen, die meinen Nächsten schmerzen oder gar kränken könnten, aus.«

Praktisch wird mit solchen Ausreden eine offene Kommunikation in der Gemeinde sowohl für Alleinstehende wie für Paare, insbesondere was ihr persönliches und geistliches Reifen und ihre gegenseitigen Beziehungen anbetrifft, unmöglich gemacht. Anders als in einer weitverbreiteten Praxis der Gemeinde, wo häufig die Haltung vorherrscht: »Was geht uns das an? Da sieh du zu!« (Matthäus 27,4), würde es dem Liebesgebot des Neuen Testaments entsprechen, wenn Paare wie Singles in den Gemeinden Mitchristen fänden, die ihnen vertiefte Selbsterkenntnis ermöglichten.

Die Urgemeinde – wie sie uns etwa die Apostelgeschichte schildert – bemühte sich, niemandem Wahrheit in Liebe vorzuenthalten (Epheser 4,15). Schon Jesus hat das im Umgang mit seinen Jüngern eindrücklich vorgelebt. Auch die Briefe des Neuen Testaments fordern die Gemeindeglieder in immer neuen Variationen dazu auf, einander zu ermahnen, zu ermutigen, zu trösten und zu »erbauen«, was praktisch bedeutet, einander Wachstum zu ermöglichen. Solche kommunikative Gemeindepraxis führt zu einer verbindlichen Lebensgemeinschaft. In ihr kann sowohl Geborgenheit wie zugleich auch persönliche und geistliche Reifung gefunden werden. Beide Entfaltungsprozesse stehen in einer engen Wechselwirkung.

In Gemeinden, die auf eine solche offene Kommunikation verzichten, entfällt diese außerordentlich hilfreiche Möglichkeit, sich selbst am anderen zu erkennen. Das wirkt sich besonders schmerzlich für Alleinstehende aus. In solchen Gemeinden dürfte für die Mahnung des Apostels: »Wir bitten euch aber, liebe Brüder, diejenigen anzuerkennen, die sich unter euch abmühen und als eure Vorsteher im Herrn euch den Kopf zurechtsetzen« (1. Thessalonicher 5,12; Übersetzung nach Rienecker) kein Bedarf bestehen. In zahlreichen Kirchen und Freikirchen sehen weder Gemeindeglieder noch Verantwortliche eine Veranlassung zu solchem Liebesdienst.

Das Neue Testament hält also ein »konstruktives Sich-Einmischen« in die Angelegenheiten anderer Gemeindeglieder für notwendig. Distanzierende Gleichgültigkeit nach dem Motto: »Ob jemand mit Blindheit und Persönlichkeitsproblemen zurechtkommt, ist seine Privatsache«, ermöglicht nur eine trügerische Friedhofsruhe. Die Gemeinde fühlt sich für Reifungsprozesse und Funktionsertüchtigung der Glieder des Leibes (vgl. Epheser 4,12) nicht zuständig. Wenn sie Hilfe zum Glauben leistet, so hat sie ihrer Überzeugung nach alles Mögliche und Notwendige getan. Ein rechter Christ kann dann an psychischen Störungen nicht mehr leiden. Ganz gewiß wird diese verengte Sicht dem Eingebundensein des Christen in den »Leib« der Gemeinde ebensowenig gerecht wie die in Gemeinden nicht selten anzutreffende selbstgerecht-überhebliche, moralisierende Einmischung und Verurteilung des Handelns anderer.

Jede Gemeinde sollte sich die Frage vorlegen, welchen Raum und Stellenwert sie dem wachstumsfördernden und befreienden Austausch gibt. Solch ein Austausch läßt die Gemeinde zur »heilenden Gemeinschaft« werden. Das Ermahnen wirkt aufbauend, wenn es aus einem Bewußtsein heraus erfolgt, das stets die eigenen Schwächen und Defizite mit ins Auge faßt. Ein am Neuen Testament orientierter Umgangsstil der Gemeindeglieder würde es möglich machen, daß Christen der heutigen Situation in Gesellschaft und Kirchen in neuer Weise gerecht werden könnten. Sie würden zur Klärung und Festigung der Beziehungen, die heute durch eine Fülle von Lebensproblemen und Beziehungskonflikten belastet sind, einen wesentlichen Beitrag leisten können.

Wir-Verwirklichung im Ehe-Alltag

Im alltäglichen Umgang der Ehepartner miteinander ist der Einstieg zu solch tieferem Verstehen leichter zu finden, als es die bisher von dem Paar gemachten schlimmen Erfahrungen vermuten lassen. Wichtig ist zunächst eine Korrektur der auf den Partner bezogenen Erwartungen und Wahrnehmungen. Die Frage, was ich in meiner Ehe überhaupt will, muß aufs neue gestellt und beantwortet werden. In einem von Oeser neu herausgegebenen Büchlein, das von im Mittelalter entdeckten Weisheiten zum Leben zu zweit berichtet, findet sich eine für unser heutiges Empfinden überraschende Aussage: »Wer glücklich werden will, soll nicht heiraten. Glücklich*machen* – da liegt es.« Wir könnten hinzufügen: Wer verstanden werden will, soll ebenfalls nicht heiraten. Verstehen – da liegt es.

Ohne sich darüber klar zu sein, zäumen die meisten Zeitgenossen in der zweiten Ehephase, in der Konfliktphase, das Pferd gewissermaßen am Schwanz auf. Sie setzen falsche Prioritäten. Dem liegt eine vielleicht nicht klar bewußte, dafür aber in der Praxis um so nachhaltiger vertretene Anspruchshaltung zugrunde. Sie könnte auf die Formel gebracht werden: »Wenn du mich glücklich gemacht hast, werde ich in die Lage versetzt sein, dasselbe auch bei dir zu tun.«

Das Ergebnis solcher Einstellung liegt auf der Hand. Nachdem die Projektionsphase zu Ende gegangen ist und die beiderseitigen Reifungsdefizite zum Vorschein gekommen sind, wird das gemeinsame Leben der meisten Paare zunehmend durch Verletzungen und Frustrationen belastet.

Wer jetzt noch an der Illusion festhält, Gemeinsamkeiten könne es nur in dem Maße geben, in dem den eigenen Bedürfnissen vom Partner Genüge getan wird, der verhindert das Zustandekommen der Harmonie, auf die er Anspruch erhebt.

Wie das auch gar nicht anders zu erwarten ist, spielen in solchen Krisenzeiten Gefühle der Zuneigung eine erheblich geringere Rolle. Häufig registrieren die Partner sogar mit Erschrecken, daß sie für den anderen überhaupt nichts mehr empfinden. Solche zeitweilige Abwesenheit von Gefühlen der Liebe gehört sozusagen zum Normalverlauf einer Ehe. Solange ein Paar sich mit diesem Zustand nicht einfach abfindet, sind derartige vorübergehende Gefühlsverluste auch nicht tragisch zu nehmen. Das Leiden an ihnen kann Anlaß dazu werden, neue Erkenntnisräume zu betreten und damit Pflanzarbeit für das Keimen stärkerer und tieferer Gefühle der Liebe und Verbundenheit zu leisten. Erst recht kann solch ein zeitweiliger Liebesverlust kein Anlaß für eine Scheidung sein, denn – wir sagten das schon – Ehekrisen sind immer ein Signal dafür, daß die eigentlich fruchtbaren Zeiten in der Gemeinsamkeit erst noch bevorstehen.

Um diese Aussage verständlicher zu machen, müssen wir noch einmal zu den Seelenbildern zurückkehren. Wir haben gesehen, wie in der Kindheit in der Tiefe unserer Seele Vorstellungen davon entstehen, wer ich selber bin und wer die sind, die mir täglich begegnen. Wir könnten diese Vorstellungen auch als Gefühlsgestalten bezeichnen. Denken wir an Erich. In seinen ersten Lebensjahren erlebt er sich immer wieder als ungeliebt, gefährdet, lästig. Niemand hat an ihm ein echtes, aufrichtiges Interesse. Die Bezugsperson empfindet er als kühl, ihn rasch abfertigend, oft auch als ihn direkt bedrohend.

So muß er zwangsläufig von sich selbst den Eindruck gewinnen, muß sich in seinem Unbewußten die Gefühlsgestalt verfestigen: »Ich bin für die anderen ein ungeliebtes Wesen und deshalb stets alleine. Die Menschen meiner Umgebung sind für mich fremd, unnahbar, gefährlich. Keiner steht mir zur Seite. Ich muß ständig auf dem Sprung sein, meine Augen nach allen Richtungen offenhalten, um Angriffe überstehen und überleben zu können.«

Über immer neue emotionale Impulse, die der inneren Einstellung der Bezugspersonen, ihrem Denken und Fühlen in den täglichen Begegnungen entsprechen, entsteht bei Erich auch eine Vorstellung ihrer Gefühlsgestalten. »Er weiß« eines Tages, wer er selbst ist und wer die anderen sind, wie er sich und sie einzuschätzen hat. Und wie von selbst ergibt sich daraus die Notwendigkeit, auf eine bestimmte Art und Weise zu leben, sich gegenüber den anderen zu verhalten. So kommt es zu den sogenannten Lebenstechniken, die die Aufgabe haben, angesichts dieser Gefühlsgestalten das seelische Gleichgewicht so gut wie möglich sicherzustellen. Die Lebenstechniken sollen eine optimale Wahrung der eigenen Bestrebungen nach Wohlbefinden und Sicherheit garantieren.

Im Fall von Erich müßten wir also sagen, er *meint* zu wissen. Denn die Gefühlsgestalten entsprechen keiner äußeren Realität. Sie stellen nur eine innere, subjektiv verzeichnete Wirklichkeit dar, die von den objektiven Gegebenheiten in mehr oder weniger starkem Maße abweicht. Für die mitmenschlichen Beziehungen ist nun der Vorgang außerordentlich bedeutsam, daß in diesen Gefühlsgestalten unzutreffende Vorstellungen aus der Kindheit sowohl vom eigenen Selbst wie von anderen Menschen in das Erwachsenenalter hineingenommen werden und dort je nach Beschaffenheit ihre störenden oder auch heilsamen Potentiale entfalten.

In der entscheidenden Szene auf dem Sofa wird bei Erich und Erika deutlich, wie Erich die liebevolle Erika als ungemein bedrohlich erlebt. An diesem Beispiel läßt sich eine wichtige Auswirkung der Gefühlsgestalten verdeutlichen: Wir erleben durch sie hindurch. Die Gefühlsgestalten bilden sozusagen eine Brille, durch die wir die umgebende Welt, sowohl uns selbst, wie auch die Bezugspersonen erleben. Selbstverständlich sind diese Vorgänge unbewußt. Wir wissen nichts von dieser Brille. Wir registrieren nur ihre Auswirkungen. So »weiß« Erich aus der Zeit seiner Kinderheim-Aufenthalte: »Wenn die anderen nahekommen, geht es dir schlecht.« Durch diese Brille hindurch erlebt er Erika als ein Wesen, das ihn – trotz ihrer Güte und Opferbereitschaft – im nächsten Augenblick mit Brutalität und Gemeinheit vernichten könnte.

Erikas innere, unbewußte Vorstellung von sich selbst ist mehr von der Wertlosigkeit gekennzeichnet. In der Prägung ihrer Gefühlsgestalt erscheinen Personen als Wesen, die über all das verfügen, was sie selber nicht hat. So ist sie auf ein naives Vertrauen auf diese Bezugspersonen programmiert, die schon all ihre Bedürfnisse abdecken werden, wenn sie sich ihnen nur eng genug anzuschließen bereit ist.

Sind angesichts der Verschiedenheit dieser inneren Welten und der Verzerrung der daraus folgenden Perspektiven Konfliktphasen in der Ehe nicht unausweichlich, ja höchst not-wendig? Bei dieser Frage wird auch deutlich, daß es nicht um Schuldzuweisungen an die Großmutter oder um ein Herumstochern in längst Vergangenem geht, wenn sich Psychotherapeuten mit der Vorgeschichte ihrer Patienten befassen. Therapeutisches – und seelsorgerliches! – Ziel muß die Korrektur dieser inneren Welten sein, durch die alle Lebensvollzüge der Betroffenen belastet werden, und zwar in einem Ausmaß, daß ihre Lebensqualität oft genug entscheidend beeinträchtigt wird.

Die ursächlichen Faktoren für dieses Geschehen können die Betroffenen auf sich alleine gestellt nicht erkennen. So liegt es für die Beteiligten nahe, den Partner bzw. die Partnerin für die Beziehungsschwierigkeiten verantwortlich zu machen. Sie sehen das Handeln des jeweils anderen, weil sie es als mehr oder weniger uneinfühlbar und situationsfremd erleben, als unmoralisch und böse an. Dagegen wird der entscheidende eigene Beitrag zum Zustandekommen dieser Spannungen, nämlich die entstellende, wirklichkeitsverzerrende Brille, die man selbst auf der Nase hat, nicht wahrgenommen.

Für Gemeindeglieder ist in diesem Zusammenhang noch einmal zu betonen, daß durch das Christsein, durch die Gotteskindschaft dieses subjektiv veränderte Erleben der Welt und das daraus folgende Reagieren nicht automatisch korrigiert wird. So erklären sich viele Ungereimtheiten im Leben von Christen, deren Handeln im Widerspruch zu ihrem Bekenntnis steht. Wer voraussetzt, daß die Versöhnung mit Gott selbstverständlich auch die psychischen Strukturen korrigiert und normalisiert, der verbaut sich den Zugang zu dem im Neuen Testament aufgezeigten Weg innerer Heilung. Für den Christen ist es unabdingbarer Bestandteil der Nachfolge, sich in der Gegenwart und Kraft des Auferstandenen und mit Hilfe der Mitchristen den Lasten seiner Vergangenheit zu stellen und so die Kunst des gemeinsamen Wachsens einzuüben. Nur mit unserem logischen Denken, nicht aber mit der biblischen »Wahrheit im Widerspruch« steht dieser Vorgang im Konflikt mit der Hebräerstelle, die davon spricht, daß der Gott des Friedens im Christen alles Gute zur Ausrichtung des göttlichen Willens bewirkt (Hebräer 13,21).

Selbstverständlich kommt in diesem Prozeß vor allem dem Ehepartner eine herausragende Bedeutung zu. Bei der Erläuterung von Bedeutung und prägender Vorgeschichte haben wir schon gesehen, welch große Rolle Haltung und Einstellung der Bezugspersonen spielen. Sie kommt in unzähligen Impulsen, also keineswegs nur durch Worte, sondern ebenso durch Handbewegungen und Gesichtsausdruck, durch Handlungen wie durch Unterlassungen zum Ausdruck. Diese Einstellungen können besonders an häufig wiederholten Redewendungen abgelesen werden. Zum Beispiel: »Aus dir wird nie etwas. Du warst schon immer ein Taugenichts.« »Du bist unerwünscht. Wärst du nicht gewesen, so hätte ich mir diese unglückliche Ehe ersparen können.« »Du bist genauso hochnäsig wie meine eingebildete Schwester. Dir werde ich es noch besorgen.« Aber auch entgegengesetzte Einstellungen wirken sich charakterprägend aus: »Du verkörperst mein Lebensideal. Du wirst all das vollbringen, was ich selber tun wollte und nicht geschafft habe.« »Du bist mein einziger Lebensinhalt, dem ich alles abnehmen, dem ich das Leben so schön wie möglich machen werde. Über deinem Wohlergehen werde ich meiner eigenen Unzufriedenheit entrinnen können.«

Es liegt auf der Hand, daß es unzählige weitere Spielarten von Einstellungen zu Kindern gibt, bei denen die tiefen Verletzungen und Fehlentwicklungen – auch die Verwöhnung muß dazu gerechnet werden – der Bezugspersonen eine prägende Rolle spielen. Die großen, teils unerkannten, zumindest in ihren Folgen unterschätzten Reifungsdefizite der Erwachsenen bestimmen wesentlich die gefühlsmäßige Färbung des Umgangs mit ihren Kindern.

Ein Kind empfängt von seiner mitmenschlichen Umgebung eine Fülle von emotionalen Impulsen, die wir als eine Art von Bausteinen verstehen können. Über diese Bausteine werden die Einstellungen der Bezugspersonen allmählich im Kind fixiert oder, wie die Fachsprache formuliert, durch das Kind verinnerlicht. Aus diesen Bausteinen wachsen die oben erwähnten Gefühlsgestalten, die Seelenbilder. Aus ihnen entsteht das vermeintliche Wissen um das eigene Sein und um die Beschaffenheit der umgebenden Menschen.

In der Ehe wird nun der Partner erst undeutlich und nur ahnungsweise, später immer konkreter auf die so entstandene, situationsbezogene Unangemessenheit im Fühlen und Handeln des anderen aufmerksam. Der Eindruck verfestigt sich – bei dem anderen ist etwas nicht in Ordnung. Das führt in der Regel dazu, ihn heimlich in Gedanken oder vielleicht auch mit lauten Vorwürfen moralisch zu verurteilen oder gar sich von ihm abzuwenden. Wenn der Partner dagegen erkennen würde, daß die Änderung des anderen, soweit sie berechtigt und notwendig ist, zugleich auch seine eigene Aufgabe darstellt, so könnte er sich in einem Lernprozeß über die eigene Veränderung in das oben angesprochene bessere Gegenüber verwandeln. Damit würde er dem ihm in seine Ehe mitgegebenen Schöpfungsauftrag nachkommen und die Lasten des anderen produktiv mittragen (Galater 6,2).

Hier wird nun zu Recht eingewandt, der Partner sehe doch auch nicht klar. Ihm sei weder das Ziel des eigenen Reifungsprozesses noch das des Ehegefährten bekannt. Das ist richtig und falsch zugleich, denn zumindest die allgemeinen Ziele der Persönlichkeitsreifung sind jedem von uns zugänglich. Die Bibel entwirft uns eine Hintergrund-Folie unseres Menschseins, aus der sich die »Endzustände« unserer Originalwerdung ablesen lassen. Allerdings geschieht das in sehr allgemeiner Form.

So wird uns zum Beispiel klargemacht, wo Feindschaft, Neid und andere ambivalente Gefühle gegenüber den Bezugspersonen in Liebe umgewandelt werden können. Wo Unversöhnlichkeit die Beziehungen vergiftete, vermag Vergebung Raum zu bekommen. Wo Selbsthaß und Ablehnung der eigenen Person das Leben verdunkelte, soll Selbstannahme, Liebe zu sich selbst, wie Jesus formuliert, erlernt werden. (Das schließt das »Hassen des eigenen Lebens« nach Lukas 14,26 nicht aus, sondern ein. Damit wird nur die andere Seite dieser Wahrheit ausgedrückt.) Wo Bequemlichkeit und eine Haltung des Sich-treiben-Lassens ein Leben bestimmten, kann es unter Zuhilfenahme der Möglichkeiten des Auferstandenen zu mutiger Übernahme von Verantwortung zur Indienst-Stellung und Entfaltung der geschenkten Gaben zugunsten des Ganzen, also des Ehepaares, der Gemeinde, der Familie, des Betriebes oder der Dorfgemeinschaft usw. kommen.

Das sind respektable Ziele, werden Sie sagen. Doch wie sollen sie erreicht werden? Wie soll ich als Partner zur Verwirklichung solcher Zielsetzungen beitragen können? Die Antwort auf diese Frage kann zunächst nur in sehr allgemeiner Form erfolgen. Ihren individuellen und situationsspezifischen Weg müssen die Partner jeweils selbst finden.

Notwendig ist es aber in jedem Fall, mutig und entschlossen unbekanntes Land zu betreten – im Vertrauen auf den, der in seiner Weisheit unsere Beziehungen in ein so vielschichtiges Geflecht von geheimnisvollen und sinnerfüllten Zusammenhängen gestellt hat. Schritte in einen Kommunikationsprozeß sind zu wagen, auch wenn sowohl Aufgaben und Hindernisse – nicht zuletzt die unbegreiflichen Abgründe zwischen den Partnern – wie auch die für die Konfliktbewältigung zur Verfügung stehenden Kräfte erst im Vollzug des neuen Beziehungsmodus deutlich werden. Im Prozeß selbst ergeben sich die neuen Perspektiven. Solange die Auseinandersetzung nicht riskiert wird, bleibt die zukünftige Gemeinsamkeit nebulös und von unkalkulierbaren Risiken bedroht. Erst im Wasser und nicht bei Trockenübungen kann ich lernen zu schwimmen, kann ich meine Schwierigkeiten und Fehlhaltungen entdecken und eine bessere Technik einüben.

Genauso ergeht es dem, der sich anschickt, ein reiferes Gegenüber und besserer Partner für Ehefrau oder Ehemann zu werden. Im Sinne einer Zielsetzung, in der für beide die alten Gefühlsgestalten und verzerrten Seelenbilder, das vermeintliche Wissen von sich und den anderen, Schritt für Schritt korrigiert werden. Nur ganz allmählich wird die falsche Brille durch eine realitätsgerechtere ersetzt, und zwar mit Hilfe der emotionalen Impulse, die vom Partner aus seiner neu einzuübenden »Wahrheit-in-Liebe«-Haltung kommen. Diese Haltung kann desto mehr praktiziert werden, je weniger die Beziehungen von selbstsüchtigen Motiven bestimmt sind. Nur in schmerzhaften Selbsterkenntnis-Prozessen läßt die Konzentration auf das eigene Ich nach, so daß Erleben und Verhalten weniger von der eigenen Armut und Bedürftigkeit bestimmt werden.

Eine wesentliche Rolle spielt also die stärkere Bewußtmachung bisher in der Seelentiefe verborgener, unbewußter Zusammenhänge. Das liebevoll-freimütig-offene Gespräch der Ehepartner und Gemeindeglieder bildet eine wesentliche Grundlage für solche Bewußtmachungs-Prozesse, die Reifung zur Folge haben, das Einssein fördern, zugleich das Angewiesensein auf Leitung und Kraftzufuhr durch den Auferstandenen verstärken. Keiner der beiden Partner verfügt von vornherein über den wahren zwischenmenschlichen Beziehungsmodus. Beide können ihn nur im Wagnis miteinander ertasten.

Die Erfahrungen mit bisher unerfüllt gebliebenen Wünschen und das Befremden über den vermeintlich so »schlechten« Partner sind damit als Einstieg in ungemein fruchtbare Dimensionen gemeinsamen Wachsens hervorragend geeignet. An dieser Nahtstelle entscheidet es sich, ob aus einem der leidvollsten Kapitel einer Ehegeschichte Leben und Friede statt Verewigung der Feindschaft, Zerstörung der Gemeinsamkeit erwachsen.

Wahre Liebe, die nie ohne In-Anspruchnahme des Schöpfers aller Dinge gelebt werden kann, vermag dem Partner einen ganz wesentlichen Beitrag zu seiner Originalwerdung zu leisten. Die alten Wunden und Gefängnisse werden dabei in Bausteine des neuen Seins verwandelt. Damit wird auch eine tiefe Aussöhnung mit der eigenen Vorgeschichte, wird das Einverstandensein mit den empfangenen Wunden und Prägungen möglich. Die Differenz zwischen der dem Christen geschenkten Identität der Vollkommenheit in Christus und seiner Alltagswirklichkeit wird in einem lebenslangen Heilungs- und Heiligungsprozeß unter aktiver Beteiligung der Bezugspersonen verringert.

Dazu sollen noch einige praktische Beispiele angeführt werden.

Der Frau eines Jugendreferenten, Frau Z., fällt auf, daß ihr Mann, ein bewußter Christ, der in vielen Jugendgruppen und auf Freizeiten einen sehr guten Dienst tut, im Gemeindezentrum die Jugendräume nach Schluß der Veranstaltungen immer selbst aufgeräumt. Ob es sich um das In-Ordnung-Bringen von Werk- und Bastelräumen handelt oder die Neubestuhlung von Räumen – diese zusätzlichen Dienste bleiben immer an ihrem Mann hängen. Auf ihre Nachfrage antwortet er, sein Vorgänger habe seine Nerven bei den ständigen Auseinandersetzungen mit den Jugendlichen kaputtgemacht. Das wolle er sich ersparen.

Am Mittagstisch der Familie Z. ereignet sich ähnliches. Als der älteste Sohn bei der Diskussion über ein strittiges Thema eine andere Position als der Vater vertritt, verläßt dieser den Raum mit der Bemerkung, er sei nicht hergekommen, um mit seinen Kindern zu streiten. Ähnliche Szenen wiederholen sich immer wieder.

Anläßlich eines von ihr besuchten Eheseminars kommt es dann Frau Z. zum Bewußtsein, daß in den Jahren ihrer Ehe auch zwischen ihr und ihrem Mann nie ein wirklich offenes Gespräch zustande gekommen ist. Entweder hatte er Dienste vorzubereiten, war für seinen Arbeitgeber unterwegs oder er fühlte sich zu müde und zu erschöpft, um sich einem tiefergehenden Gespräch zu stellen. Einer dieser drei Faktoren traf eigentlich immer zu. Daher hatte Herr Z., der wegen seines freundlichen Wesens und seiner Zuverlässigkeit überall beliebt war, stets Anlaß, sich mit Ausdrücken größten Bedauerns einer Aussprache zu entziehen.

Frau Z. erinnerte sich dann, daß es auch im Elternhaus ihres Mannes nie Auseinandersetzungen gegeben hatte. Dagegen war es mehrfach geschehen, daß sie ihre Schwiegermutter weinend angetroffen hatte, ohne je von ihr auch nur ein Wort über das zu erfahren, was sie bewegte.

Bisher hatte sich Frau Z. immer gescheut, ihren Mann auf ihre Beobachtungen anzusprechen. Sie fürchtete, die Beziehung zu ihm könnte leiden. Zudem scheute sie es, ihn zu all den Frustrationen seines Dienstes noch zusätzlich zu belasten. Eines Tages konnte Frau Z. jedoch nicht länger der Erkenntnis ausweichen, daß sich die Kluft zwischen den Kindern und ihrem Vater immer mehr vergrößerte und sich auch ihr eigenes Leiden an den vielen ungeklärten

Belastungen im Verhältnis zu ihrem Mann unerträglich steigerte.

So wagte sie während eines Urlaubs ein offenes Wort. »Mir fällt auf«, so begann sie zögernd, »daß du anscheinend mit Konflikten Schwierigkeiten hast.« Doch dieser zweifellos liebevoll versuchte Einstieg in einen vertieften Austausch brachte Frau Z. nicht weiter. Herr Z. antwortete entrüstet: »Jetzt fängst auch du noch mit der Quengelei an. Bisher habe ich gedacht, ich könnte mich wenigstens auf dich verlassen, du würdest zu mir halten. Ich bin nicht bereit, mir jetzt die paar Urlaubstage verderben zu lassen.« Das Gespräch war zu Ende, ehe es richtig begonnen hatte.

Während der kommenden Ehemonate entfremdete sich das Ehepaar Z. immer mehr, obwohl die Familie nach außen das Bild intakter Geschlossenheit bot. Herr Z. flüchtete sich zunehmend in seine Arbeit. Er kam eigentlich nur noch als Schlafgast nach Hause, so sehr war er von dienstlichen Verpflichtungen in Anspruch genommen. Bekannte und Freunde bedauerten ihn wegen seines schlechten Aussehens und seiner Überlastung.

In dieser Situation wurde Frau Z. in einem Frauen-Diskussionskreis von der Bemerkung einer Teilnehmerin sehr getroffen. »Mein Mann ist konfliktscheu. Er ist ein Hasenfuß. Ich verachte ihn.« Bei mir ist es genauso, dachte Frau Z., nur habe ich mir das bisher nicht einzugestehen gewagt. Aber tatsächlich erlebe ich ihn immer wieder wie einen kleinen Jungen, der in Panik davonrennt, wenn er sich eigentlich stellen müßte. Liebe ich ihn überhaupt noch? Hat er sich nicht als totaler Versager erwiesen, in seiner Rolle als Vater, als Ehemann wie auch als Pädagoge? Wo habe ich nur meine Augen gehabt, als ich ihm das Ja-Wort gab?

Nach einem weiteren Jahr quälenden Nebeneinanderher-Lebens suchte Frau Z. eine Eheberatungsstelle auf, um sich wegen einer möglichen Scheidung beraten zu lassen. Der Berater, ein Christ, sprach sie im Verlauf des Gesprächs auf ihre Beziehung zu Gott an. Frau Z. reagierte zunächst entrüstet: »Das ist doch jetzt gar nicht das Thema. Was soll denn der Glaube bloß mit meinen Eheproblemen zu tun haben?« Der Berater entgegnete ihr ruhig: »Vielleicht mehr, als Sie im Augenblick denken.« Und tatsächlich wurde Frau Z. in der Folgezeit deutlich, wie sehr sie auch mit Gott haderte, dem sie, ohne sich das recht einzugestehen, ihre familiäre Situation verübelte.

Erst allmählich lernte Frau Z. in einer Reihe von Gesprächen zu sehen, daß sie ja selbst ihrem Mann die offene Rückspiegelung seines Handelns schuldiggeblieben war. Sie erkannte, wie sie von Gott erwartet hatte, was ihre eigene Aufgabe gewesen wäre. Nach einem geistlichen Neuanfang war sie motiviert, ihrem Mann neues Gegenüber zu sein. Sich den damit verbundenen Lehrlingsstatus zuzumuten, bedeutete für sie zunächst, sich in vielen Situationen ganz bewußt Ängsten und Verunsicherungen auszusetzen, und zwar sowohl den eigenen wie auch denen ihres Mannes. Sie mußte es lernen, offen mit ihm zu reden, trotz ihrer Ängste, ihn noch mehr zu belasten, und trotz seiner Ausweichmanöver und Widerstände gegen Auseinandersetzungen.

Die Einsicht, wonach sie die Flucht ihres Mannes vor Gefühlsoffenheit nicht länger als moralisches Vergehen verurteilen mußte, sondern von seiner Persönlichkeitsentwicklung her einfühlen konnte, war ihr dabei eine große Hilfe. Der Austausch zwischen den Eheleuten Z. wurde so zunehmend vom Druck der beziehungsvergiftenden Vor-Urteile befreit. Damit kam ein von zunehmendem Vertrauen getragener Freiraum zustande, in dem die bisher unzugänglichen Reifungsdefizite einer Bewußtmachung und Korrektur zugeführt werden konnten.

Dementsprechend geht es für Erika vor allem darum, Erich seine Mißtrauenshaltung zurückzuspiegeln. All die Versuche, jede Alltagssituation, insbesondere auch Beziehungskonflikte, aus seiner mißtrauischen Einzelgängerposition heraus und durch die Verdrängung seiner Gefühle zu bewältigen, mußten auf Erika schockierend wirken. Diese Art und Weise, sich zu schützen, hinderte Erich aber auch selbst daran, mit Gefühlen vertraut zu werden. Auch in seiner Ehe stand er den eigenen Gefühlsregungen wie denen seiner Partnerin ebenso skeptisch wie ratlos gegenüber. Obwohl er sich aus einem tiefen Nachholbedarf heraus nach mütterlichem Gefühl und Geborgenheit sehnte, konnte er auf Erikas gutgemeinte Annäherungsversuche nicht anders als mit Aggression und Panik reagieren. Doch ist hier noch einmal festzuhalten, daß entgegen dem Augenschein nicht Feindseligkeit oder Böswilligkeit sein Verhalten bestimmten, sondern maßlose Angst oder, anders ausgedrückt, der verzweifelte Versuch, in Konfliktsituationen seelisch zu überleben.

Mancher Leser wird fragen, warum es angesichts Erichs charakterlicher Prägung zwischen ihm und Erika nicht schon viel früher zu schwerwiegenden Zusammenstößen kam. Bei der großen Mehrzahl der Paare werden solche Gegensätzlichkeiten, wie schon oben erwähnt, zunächst durch die für die Projektionsphase charakteristische Blindheit verdeckt. In der Regel kommen erst nach mehreren Ehejahren die in den Seelenbildern gespeicherten zwiespältigen Gefühle an die Oberfläche. Sie werden aus den Beziehungen zu den frühen Bezugspersonen gespeist. Ehe wird damit zum Wiederholungsfeld alter, unerledigt gebliebener Beziehungsschwierigkeiten, zu deren Lösung jetzt freilich – zumindest theoretisch – sehr viel bessere Voraussetzungen gegeben sind.

An sich könnten Ehepartner in vielen Fällen schon vor der Trauung zum Beispiel an den Beziehungen des oder der Zukünftigen zum gegengeschlechtlichen Elternteil eine Fülle von Informationen über die zu erwartenden Aufgaben gewinnen. Doch wer ist schon vor der Ehe an solchem Wissen interessiert? Um so bedeutsamer ist es deshalb, nach dem Ende der Projektionsphase besonders den Verletzungen und Rätseln im Verhalten des Partners besondere Beachtung zu schenken.

Jedem Ehepaar wird demnach mit dem Beginn der so oft sehnlichst erwarteten Gemeinsamkeit ganz überraschend eine nicht gesuchte, ja zunächst abgewehrte, schmerzvolle und risikoreiche Aufgabe gestellt. Wer sich dieser Bestimmung auf die Dauer zu entziehen versucht, bringt sich um die Möglichkeit, in einem gemeinsamen Wachstumsprozeß der erwünschten Harmonie mit dem Partner Schritt für Schritt näherzukommen. Mit diesem Auftrag ist aber noch ein Weiteres verbunden. Die eheliche Gemeinschaft erfährt dadurch eine bedeutsame Aufwertung. Ein Partner kann für den anderen, im Gegensatz zur Beziehungskonstellation der Kindheit, zu einem besseren, weit freimütig-offeneren Gegenüber werden, dessen Verhalten weniger von eigenen, unbewußt-infantilen Bedürfnissen bestimmt ist. Beide vermögen zum Abbau der Reifungsdefizite des anderen einen entscheidenden Beitrag zu leisten, nicht ohne dabei selbst zu wachsen. Es versteht sich fast von selbst, daß eine Ehe auf diese Weise eine weitaus festere Grundlage bekommt, als sie einst auf dem Standesamt entstehen konnte.

Die starke Anziehungskraft, die von Erika auf Erich und umgekehrt von Erich auf Erika ausging, hat also trotz des ihr eigenen Konfliktpotentials eine tiefe, für das Menschsein der beiden und für ihre Entfaltung zu Originalpersönlichkeiten gar nicht zu überschätzende Bedeutung. Freilich vermögen Erich und Erika von der tiefen Weisheit, die hinter den Gesetzmäßigkeiten der Partner-Anziehung steht, erst etwas zu erkennen, wenn sie sich ihren Konflikten gestellt haben bzw. durch sie für ihre »Hausaufgaben« sehend geworden sind.

In diesem Wachstumsprozeß wird weder einseitig nur von Erika Verständnis und Anpassung erwartet, noch kann es allein um Erichs Reifung gehen. Auch Erika fand zunächst gerade in Erich das, was ihr selbst fehlte. Und sie ist für ihren Reifungsprozeß genauso auf Erichs tieferes Verstehen und seine Wandlungsbereitschaft angewiesen, wie das umgekehrt bei ihm der Fall ist. Allerdings leiden Frauen erfahrungsgemäß aufgrund ihres ganzheitlichen Gespürs mehr unter erstarrten Beziehungen, in denen kein Wachstum stattfindet. Sie sind deshalb oft stärker motiviert zu Aktivitäten, die geeignet sind, das Eheschiff wieder flott zu machen.

Frauen, die wie Erika ihr Selbstwertgefühl und ihre Stabilität beim Gegenüber suchen, haben es an dieser Stelle schwer. Ihr intensives Bedürfnis nach Nähe kann aus ihrer Sicht unter anderem dadurch befriedigt werden, daß sie jede Auseinandersetzung vermeiden und sogar völlig berechtigte und angemessene eigene Bedürfnisse verleugnen. Bei Erika kam hinzu, daß sie ihre entsprechenden Verhaltensweisen als Ausdruck ihrer Bescheidenheit mißverstand.

Sie neigte dazu, sich zur Sklavin ihres jeweiligen Gegenübers zu machen. Alle, die sie als hilfsbedürftig oder in einer Außenseiterposition erlebte, überschüttete sie mit Zuwendung und Versorgungsleistungen bis zur Selbstaufopferung. Aufgrund ihrer Neigung zu Minderwertigkeitsgefühlen und depressiven Verstimmungen blieb sie auf ihre Gefühle fixiert, während sich ihre Denkfunktion nur ungenügend entfaltet hatte. Fast zwangsläufig ergaben sich daraus zahlreiche Enttäuschungserlebnisse und Stimmungstiefs, die in engem Zusammenhang mit den ihr selbst unbewußten Riesenerwartungen an ihre Umgebung standen. In besonderem Maße galt das für ihre Sucht nach »Streicheleinheiten«, die sie vom jeweiligen Gegenüber erwartete.

Am Beispiel von Erich und Erika wird ersichtlich, wie Kindheitserfahrungen und Persönlichkeitsprägung die Grundlage einer konfliktreichen Partnerschaft bilden können. In der Fachsprache wird von dem schon erwähnten »psychosozialen Arrangement« gesprochen, durch das die Erfüllung unbewußter Wünsche angestrebt wird. Mit der Wahl eines scheinbar »starken« Partners sollen eigene Hilflosigkeit, Abhängigkeit und depressive Gefühle abgewehrt werden (Helferrolle).

In die Partnerwahl fließen, wie an diesem Beispiel wieder deutlich wird, ganz unbewußt und unreflektiert alle Reifungsdefizite und charakterlichen Einseitigkeiten in der Weise ein, daß ein Partner mit ungefähr gleichgroßen Defiziten gewählt wird. Sie tragen freilich ein entgegengesetztes Vorzeichen, und sie können völlig unterschiedlich strukturiert sein. Diese im Grunde sehr labile »Ergänzung« fordert die Partner früher oder später zur Aufhebung ihrer emotionalen Blindheit und zu einem gemeinsam in Angriff zu nehmenden Nachreifungsprozeß heraus. Wird diese Notwendigkeit verdrängt oder abgelehnt, dann erscheinen den »Gegnern« die täglichen Reibereien der Konfliktphase, der ermüdende Kleinkrieg um scheinbar bedeutungslose Alltäglichkeiten und die gegenüber der relativ harmonischen Projektionsphase unbegreiflichen Unterschiede im Erleben und Fühlen als ausgesprochen sinnlos. Und bekanntlich kann der Mensch sinnlose Frustrationen auf die Dauer nicht ertragen.

Als Erika immer besser sehen konnte, wie die inneren Konflikte ihres Mannes mit höchst problematischen, von ihm unverschuldeten Kindheitserlebnissen zusammenhingen, verminderte das ihr Verletztsein. Damit wurde sie in die Lage versetzt, ihre eigenen, inneren Blockaden anzugehen, die sie jetzt auch als Lieblosigkeit und Schuld begreifen konnte. In der Folge erlebte sie eine Horizonterweiterung, die sie befähigte, Erichs und ihre eigenen Seelenbilder hinter den vordergründigen Beziehungsmustern kennenzulernen. Jetzt verfügte sie über weitaus bessere Voraussetzungen, um an ihrem Beziehungskonflikt gewinnbringend zu arbeiten. Bei Erich spielte zunächst seine Angst, Erika zu verlieren, die ausschlaggebende Rolle. Sie veranlaßte ihn, auf Erikas Bereitschaft zu einer Wiederaufnahme des Gesprächs erleichtert einzugehen und sich auch seinerseits um ein neues Verstehen des Erlebens und Verhaltens seiner Frau bzw. seiner eigenen Lebenstechniken zu bemühen.

In der Regel reichen freilich neue Erkenntnisse alleine auch bei hohem Leidensdruck noch nicht aus, das notwendige freimütige Gespräch zwischen den Ehepartnern in Gang zu bringen. Wie läßt sich das erklären?

Selbstschutz, das Hindernis auf dem Weg zur Offenheit

Wir alle lernen, in der Regel schon im Geschwisterkreis oder spätestens in der Schule, uns nach Verletzungen zurückzuziehen. Wir verbergen unseren Kummer und unser

Getroffensein, um uns dadurch vor möglichen neuen Angriffen zu schützen. Diese Überlebenstechnik bewährt sich zunächst in vielen Situationen. Ihre unbedachte Übernahme in die Ehe als *die* Methode bei Auseinandersetzungen und Meinungsverschiedenheiten führt jedoch mit Sicherheit zu einem Anwachsen der Mißverständnisse, zur Vertiefung der inneren Distanz, zu Verschärfung und Verhärtung der Konflikte.

Erich und Erika müssen sich bei ihrer Suche nach einer neuen Basis für ihre Beziehung mit neuen Umgangsformen vertraut machen. Sie kommen nicht daran vorbei, erst einmal »streiten« zu lernen, das heißt sich nach Verletzungen den Rückzug in das fragwürdige, Schutz bietende Schneckenhaus zu versagen und statt dessen offen auf den Partner zuzugehen. Wichtig ist, ihm das verwundete Herz so gelassen wie möglich, ohne Gehässigkeit und Rachsucht vorzuzeigen. Diese schwierige Aufgabe wird durch die Überlegung etwas erleichtert, die uns schon bei Erich und Erika begegnete, wonach nämlich der Ehepartner sich seine frühen Bezugspersonen und seine Kindheitssituation nicht selbst aussuchen konnte. Er hat also die im wesentlichen unbewußten Faktoren des aktuellen Paarkonflikts nicht im üblichen Sinne »verschuldet«.

In solchen Situationen ist auch die Erinnerung daran hilfreich, daß Mann und Frau mit der Eheschließung als »Trainingspartner« vor Gott und der Öffentlichkeit eine Mitverantwortung für den anderen übernommen haben. Sie haben sich für seine Reifung und die Weiterentwicklung seines Menschseins für mitzuständig erklärt. Dies gilt, obwohl kaum jemand vor Beginn einer Ehe eine Ahnung vom Ausmaß und den Konsequenzen der damit übernommenen Aufgabe haben dürfte.

Solche Erwägungen erweisen sich freilich im alltäglichen Konfliktfall häufig als nur bedingt hilfreich. Denn wer im fairen Streit noch ungeübt ist, den überwältigen oft die den ungereiften Persönlichkeitsanteilen entstammenden Gefühle. Deshalb ist Eheleuten nahezulegen, sich für ihre Auseinandersetzungen eine bewährte Regel einzuprägen: Bis zum Erweis des Gegenteils sollten dem anderen gute

Absichten unterstellt werden. Damit wird ein wohlwollendes Zugehen auf den Partner eher möglich, rücken Offenheit und Echtheit in Reichweite. Die eigenen Empfindungen werden nicht verschwiegen, aber weniger vorwurfsvoll und mit größerem Entgegenkommen geäußert. Aus jedem Streit kann so eine tragfähigere Basis für das Wachsen eines neuen Zusammengehörigkeitsgefühls entstehen. Gegensätzliche Positionen und Verletzungen brauchen nicht mehr verniedlicht und erst recht nicht verschwiegen zu werden.

Wer sich solchen Einsichten geöffnet hat, wird es lernen, sich vor den negativen Folgen der bisher so beliebten Ausweichmanöver zu fürchten. Er wird die inneren Programmierungen, wonach weitere Verletzungen um jeden Preis vermieden werden müssen, überwinden können. So erwächst in den alltäglichen Konflikten eine aus Liebe und Verantwortung genährte »Streitkultur«, die Auseinandersetzungen in ungeahnter Weise fruchtbar werden läßt. Die Bibel bezeichnet dieses Vorgehen als »Wahrheit in Liebe« (Epheser 4,15).

Zur großen Überraschung der meisten Ehepaare, die sich der Notwendigkeit stellen, »gekonnte Auseinandersetzungen« einzuüben, erfahren sie dadurch wesentliche Entlastung von Druck, Spannungen und unangemessenen Erwartungen an den Partner. Wer die Bearbeitung der Persönlichkeitsprägungen aus der Kindheit als Teil seiner Lebensaufgabe erkannt hat, der gewinnt die Freiheit, sich selbst und den Menschen seiner Umgebung zunächst einmal einen Lehrlingsstatus zuzubilligen. Damit kann Offenheit gewagt und Wahrheit in Liebe praktiziert werden. Fehler, die auf dem hochsensiblen Feld der Korrektur tiefsitzender emotionaler Prägungen und der Einigung von Offenheit und Vertrauen bestimmter Beziehungen vorkommen, werden dann dem Partner weniger übelgenommen.

Für einen Lehrling ist es selbstverständlich, daß ihm jeden Tag neue, ungewohnte, vielleicht sogar ihn zunächst überfordernde Aufgaben gestellt werden. Er weiß, daß über mühseliges Training seine Leistungen verbessert werden, während das ängstliche Vermeiden von Risiken die Festschreibung der Unfähigkeit zur Bewältigung von Ehekonflikten bedeuten würde. Deshalb wagt er sich an Neues heran, auch wenn ihm dabei zunächst viele Fehler unterlaufen.

Noch nie ist ein Meister vom Himmel gefallen. Das gilt in besonderem Maß für die Ehe. Diesem Sachverhalt trägt Manfred Hausmann Rechnung, wenn er sagt: »Liebende leben von der Vergebung.« Die alten Beziehungsmuster können nur überwunden werden, wenn die Beteiligten sich selbst und dem jeweiligen Partner Unreife-Zustände, das unerwartete Auftauchen schwieriger Gefühle und eine zunächst mehr oder weniger verzerrte Wahrnehmung zubilligen. Beide brauchen also im Umgang miteinander Geduld. So können sich im Laufe von Monaten und Jahren aufgrund von allmählich gewandelten Gefühlen neue Formen des Aufeinander-Eingehens entwickeln. In der Fachsprache wird von »korrigierenden emotionalen Neuerfahrungen« gesprochen. Inmitten der alltäglichen Meinungsverschiedenheiten wird jetzt erfahren, wie die unter Schmerzen erworbene Offenheit und Echtheit unerträgliche Gegensätze in heilsame und fruchtbare Spannungen zu verwandeln vermögen. Durch sie werden jetzt nicht mehr – oder jedenfalls immer seltener – Gefühle des Nichtverstanden- und Abgelehnt-Werdens hervorgerufen. Ganz im Gegenteil fördern die polaren Gegensätzlichkeiten die Lebendigkeit der Beziehung.

»Ein Geduldiger ist besser als ein Starker« (Sprüche 16,32)

Solche Wandlungen des Beziehungsstils benötigen ausgedehnte Zeiträume. Im Grunde genommen sind sie auf lebenslange Dauer angelegt, trotz höchst erfreulicher Zwischenergebnisse. Deshalb kann es in einer Ehe, in der Offenheit eingeübt wird, eigentlich auch nie langweilig werden. In der Persönlichkeit des Partners gilt es ebenso wie in der eigenen Seele, ständig noch überraschende Entdeckungen zu machen und das Unbekannte ans Licht zu bringen. So kommt es zu einer zunehmenden Hellsichtigkeit für den anderen. Sie eröffnet dem gemeinsamen Wachstum immer neue Räume, ermöglicht tiefere Erfahrungen – schmerzlicher und beglückender Art – und bringt Kräfte und Gaben zum Bewußtsein und zur Entfaltung.

Im Gegensatz dazu stellen sich Eintönigkeit und Öde in einer Beziehung gerade dann ein, wenn Öffnung gar nicht für notwendig gehalten wird oder wenn sie – aus Furcht vor Disharmonie – nicht gewagt wurde. Wenn der seelisch-geistige Austausch eines Paares nicht immer neuen Tiefgang gewinnt, muß das Gespräch allmählich verstummen. Nach wenigen Jahren haben sich die Partner dann nichts mehr zu sagen. Die Beziehung wird durch Gewöhnungs- und Abstumpfungseffekte – und zwar bis in den sexuellen Bereich hinein – mehr und mehr belastet.

Unter solchem Wachstumsstillstand leiden – wie oben beschrieben – Frauen meist noch mehr als Männer, die sich – nicht selten aus Angst vor Verletzung, vielleicht auch aus Bequemlichkeit – mit dem Hinweis auf die Fülle ihrer Verpflichtungen oder auf ihre Ruhebedürftigkeit nach getaner Arbeit dem gefühlsoffenen Gespräch zu entziehen versuchen. In Gemeinden findet sich nicht selten die Ausrede: »Als Gläubiger bin ich doch ein in Ordnung gebrachter Mensch. Auf psychologische Mätzchen kann ich also verzichten. Deshalb bitte ich dich, mich in Ruhe zu lassen. Gerade weil du meine Frau bist, muß ich das von dir erwarten können.« Wer solche Alibis gebraucht, belügt sich selbst. Die Persönlichkeitsentfaltung ist keine beliebige Kürübung für Persönlichkeits-Rasensportbegeisterte, sondern eine vom Schöpfer des Lebens allen Menschen mitgegebene Lebensaufgabe.

Nicht nur in der Beziehung zu uns selbst und zu den Mitmenschen ist Veränderung und Wachstum vonnöten. Dasselbe gilt auch für unsere Beziehung zu Gott. Sonst bleibt er hinter der Mauer unserer Ängste, unseres Mißtrauens oder unserer Gleichgültigkeit ein für uns unbekanntes Wesen. Null-Wachstum der Beziehung zu Gott wird mit einem infantilen Glaubensstand bezahlt – der Vierzigjährige kann dann noch im ursprünglichen, einerseits so romantisch-naiven, andererseits von Enttäuschung und Trotz gekennzeichneten Gottesbild hängenbleiben, zu dem er schon als Firmling oder als Konfirmand gekommen war. Dem Betroffenen sind dann im Alltag – gerade auch in der Ehe – die Kraftpotentiale des Auferstandenen nicht oder nur in ungenügendem Maß zugänglich. Glaubwürdigkeit und Vollmacht des einzelnen Christen, aber auch ganzer Gemeinden, werden so entscheidend behindert.

Die in der Kindheit eingeübten Erlebnisweisen und Lebenstechniken halten sich hartnäckig und zäh, sofern sie als Herausforderung zu Einsicht und Veränderung nicht ernstgenommen wurden. Der Vater im Himmel läßt die Symptome der Unreife bei dem, der sein Kind geworden ist, nicht einfach verschwinden. Statt dessen hält er Hilfen zur Selbsthilfe für uns bereit. Nur erfolgt die Fürsorge des »Guten Hirten« meist in einem etwas anderen zeitlichen Rahmen, als das unseren Bedürfnissen entspricht. Wer sich seiner Führung anvertraut, der wird in einen Umwandlungsprozeß hineingenommen. Auf einem spannenden, manchmal geradezu abenteuerlichen Weg wird ein Christ dabei die paradoxe Erfahrung machen, daß er selbst hundertprozentig gefordert ist, während er gleichzeitig erlebt, wie ihm eine unvorstellbare Barmherzigkeit alles schenkt, sowohl das Wollen wie das Vollbringen (vgl. Philipper 2,12-13).

Wer selbst dementsprechende Erfahrungen noch nicht gemacht hat, wird vermutlich mit solchen Aussagen zunächst wenig anfangen können. Möglicherweise sieht er in solchen Beschreibungen nichts anderes als Phantasiegebilde. Und doch übertrifft die absolute Verläßlichkeit dieses »Trainers«, den der lebendige Christ als Gegenüber erfährt, bei weitem all das, was ihm in seinem bisherigen Erfahrungshorizont begegnet ist. Der »Gute Hirte« trägt dafür Sorge, daß die Lasten der Vergangenheit in Segen umgewandelt, ja daß sie zum Anlaß für tiefgehende Heilung und ganz charakteristische Profilierungen werden. Die Schatten der Vergangenheit sind jetzt nicht länger höchst überflüssiges Übel; sie geraten zu unerläßlichen Bestandteilen, sie tragen maßgeblich zur Originalwerdung bei.

Vielen Menschen geht dieser Veränderungsprozeß nun allerdings zu langsam. Sie wollen Erkanntes auf der Stelle loswerden und sofortige Befreiung erfahren. Es hat aber einen tiefen Sinn, daß solche Wünsche in der Regel nicht in Erfüllung gehen. Die eigenen Unvollkommenheiten über längere Zeit anschauen zu können, obwohl das Leiden an sich selbst schon erheblichen Umfang angenommen hat, stellt eine wichtige Nachhilfe-Lektion dar. Sie lehrt uns, vom hohen Roß der eigenen Überheblichkeit herunterzukommen und mehr Verständnis für die Schwächen der Mitmenschen zu gewinnen. Ähnliches gilt für die oft so hartnäckigen Verhaltensmuster des Ehepartners. Es bringt uns nicht nur Schmerz, sondern auch Reichtum, wenn die Veränderung der »besseren Hälfte« mehr Zeit benötigt, als wir uns das in unserer Ungeduld wünschen würden.

Paulus, der große Menschenkenner, entwickelt uns im Römerbrief (Kap. 5,3-5) dazu eine interessante These. Angesichts der nicht veränderbaren Leiden und Frustrationen des Lebens kann sich ein Christ entschließen und dazu befähigt werden, unter seiner Last zu bleiben und damit im Lauf der Zeit ein geübter Lastträger zu werden. Im Rahmen einer Ehetauglichkeits-Prüfung bekäme das Kriterium »geübter Lastträger« zweifellos einen sehr hohen Stellenwert zugebilligt. Nicht nur, weil Auseinandersetzungen auf dieser Basis gelassener durchgestanden werden können. Auch das Anpacken der notwendigen Veränderungen ist von einer stabileren und damit hoffnungsvolleren, ermutigten Gemütsverfassung her viel eher möglich. Aber Paulus hat noch mehr zu bieten. Aus seiner Sicht wird dem im Leiden bewährten Lastträger nicht nur eine unzerstörbare Hoffnung geschenkt. Er begegnet auch der für ihn bereitstehenden Liebe des lebendigen Gottes.

Wer den Versuch wagt, seine Ehe aus der Perspektive des Schöpfers aller Dinge nicht nur zu betrachten, sondern auch zu leben, der hat es eigentlich nicht mehr nötig, schmerzliche Zeiten der Reifungsprozesse in Ehe und Familie im D-Zug-Tempo hinter sich zu bringen. Er kann von der Natur lernen, daß Früchte nicht von heute auf morgen reifen. Wer Zeit aufbringt für seinen Partner und Geduld mit ihm und mit sich selber hat, wird dadurch weise und heiterer. Gott, der jeden Menschen zu einem einmaligen Original entfalten will, stellt uns den für Selbsterkenntnis und Reifungsprozesse notwendigen zeitlichen Rahmen zur Verfügung. Er übersieht unser Leben vom Anfang bis zum Ziel. Und weil er uns kennt, weiß er auch:

Die eheliche Gemeinschaft ist auf Erfüllung durch beiderseitiges Wachstum angelegt. Angesichts aller ihrer Risiken und Hindernisse benötigt sie Stetigkeit und Dauerhaftigkeit als Schutzraum. Der in die Arbeitsgemeinschaft Ehe so unerwartet eingeflossene Konfliktstoff kann nur dann zum Material für heilsame Entwicklungen, zum Ausgangspunkt für die Originalwerdung der Partner und gleichzeitig für die Förderung ihrer Gemeinsamkeit werden, wenn sie trotz aller Krisen und Stürme aneinander festhalten. Deshalb geht Jesus bei der Schilderung seiner Eheauffassung in Matthäus 19,6 weder auf die mannigfachen Anlässe ein, die zur Ehe führen, noch auf mögliche Trennungsgründe. Für ihn ist eine Ehe, wenn sie einmal vollzogen ist, »von Gott zusammengefügt«. Im ursprünglichen Wortsinn bedeutet dieses Bild, zwei Menschen sind unter *ein* Joch gespannt. Im Joch sollen sich zu einer koordinierten Arbeitsleistung herausgeforderte Zugtiere zielorientiert engagieren und nicht auseinanderlaufen. Genau diese Schlußfolgerung zieht Jesus für Ehepartner.

Gut gemeint ist meist zu wenig

Dieser Vergleich läßt erkennen, wie in der Bibel die Komplikationen des menschlichen Zusammenlebens keineswegs unterschätzt, sondern sehr realistisch gesehen werden. Es wäre auch wenig hilfreich, die Schwierigkeiten zu verkennen, die eine geduldige und trotzdem konsequent

»am Ball bleibende« Arbeit an einer Beziehung mit sich bringt. Falls Erika zum Beispiel moderne, wissenschaftlich fundierte Eheliteratur zur Kenntnis nimmt, erkennt sie, daß ein Mensch mit einer sogenannten schizoiden Persönlichkeitsstruktur auf intensive Gefühlszuwendung hin sehr leicht in eine panikartige Verfassung geraten kann. Doch das hilft ihr nur bedingt weiter. Sie vermag zwar von daher Erichs Äußerungen wesentlich besser zu verstehen, doch erspart ihr dieses Wissen nicht die mühselige Durcharbeitung der beiderseitigen Reifungsdefizite.

Erika wird geraume Zeit brauchen, bis sie sich nicht mehr gegen die Erkenntnis wehrt, daß gerade ihre besten Absichten und ihr gutes Wollen für Erich eine unerträgliche Belastung darstellen. Sie wird aber nach und nach ihre Gefühlsäußerungen so zu dosieren lernen, daß sich Erich darauf einlassen und sie allmählich besser ertragen kann.

Wenn Erika so an ihrem eigenen Harmoniebedürfnis und ihrer Verletzlichkeit arbeitet, wird sie dazu beitragen, daß Erich seine eigenen Gefühle zulassen, annehmen und entfalten kann. Freilich muß sich Erich dieser »Selbstverwirklichungs-Aufgabe« auch ganz unabhängig von Erikas Beitrag stellen. Selbst wenn sich Erika zunächst weigern würde, ihre Position der Enttäuschten und Resignierten aufzugeben, so könnte Erich mit den für ihn selbst notwendigen Reifungsschritten beginnen und damit die Fortsetzung der zwischen ihnen bislang praktizierten neurotischen Spielchen verhindern oder erschweren.

Erich bekommt in diesem Prozeß die Chance, sich in schmerzlicher Selbsterkenntnis darüber klarzuwerden, wie selbstbezogen und egozentrisch seine Abwehrmanöver bisher auf andere, insbesondere auf Erika, wirken mußten. Dabei kann gar kein Zweifel darüber bestehen, daß sie im üblichen Sinne des Wortes überhaupt nicht »böse« gemeint waren. Er kann langsam lernen, sein Mißtrauen, seine Ängste, seine mimosenhafte Empfindsamkeit in Worte umzusetzen, statt sich von ihnen zu unbedachten und ungesteuerten Handlungen hinreißen zu lassen.

Damit ermöglicht er Erika den Zugang zu seiner bisher so ängstlich abgeschotteten Innenwelt. Sie wird im Laufe der Jahre zunehmend seiner Verletzlichkeit und Hilflosigkeit ansichtig, die sie bisher hinter der Maske des kühlen, überlegenen Intellektuellen gar nicht zu erkennen vermochte. Erichs Ängste werden sich anfangs bei diesem »Übungsprogramm« fast zwangsläufig steigern. Er wird sich bei offenen Aussprachen immer wieder einmal ausgeliefert und gedemütigt fühlen und deshalb in Versuchung kommen, gereizt zu reagieren. So stellen sich ab und zu, sowohl bei Erich wie bei Erika, Rückfälle in alte, längst überwunden geglaubte Verhaltensmuster ein. Allerdings werden solche Pannen im Lauf der Zeit als weniger dramatisch und verletzend erlebt. Sie nehmen an Häufigkeit ab und können schneller geklärt werden.

Blickwechsel bringt Durchblick

Damit sind nur einige der »Hausaufgaben« angedeutet, deren Erledigung Erika und Erich aufgetragen ist, wenn die in ihrer anfangs unlösbar scheinenden Ehekrise enthaltenen Entwicklungsmöglichkeiten verwirklicht werden sollen. Am Tiefpunkt ihrer Ehe wurde den beiden etwas davon deutlich, daß alle unsere Beziehungs- und Lebenskrisen eine ermutigende Botschaft enthalten. Sie weisen uns auf ungenutzte Ressourcen hin, die bisher nicht zur Kenntnis genommen wurden und von daher auch für das eigene Leben wie für die Partnerbeziehung nicht fruchtbar gemacht werden konnten.

Die Bibel bringt uns den ungemein ermutigenden Gedanken nahe, daß der Schöpfer aller Dinge, der an jedem einzelnen Menschen interessiert ist, auch mit den dunklen, leidvollen Zeiten unseres Lebens etwas zu tun hat. Die Beter der Psalmen haben etwas von dieser tiefen Wahrheit begriffen und daraus eine ebenso ungewöhnliche wie ergiebige »Lebenstechnik« abgeleitet. In Psalm 16,8 berichtet uns David: »Ich habe den Herrn mir beständig vor Augen gestellt – steht er mir zur Rechten, so wanke ich nicht.« Dieselbe Praxis erwähnt er in Psalm 25,15: »Meine Augen sind stets auf den Herrn gerichtet, denn er wird meine Füße aus dem Netz ziehen.« Aus diesen beiden Versen läßt sich eine sehr einfache Schlußfolgerung ziehen, die aber geeignet ist, unsere alltäglichen Lasten neu zu gewichten:

Nicht das Ausmaß unserer Belastungen ist entscheidend für unsere Lebensbewältigung, sondern das, was wir unter Belastungen – natürlich auch ohne sie – mit unserem inneren Auge anschauen. »Ich habe mir den Herrn beständig vor Augen gestellt.« Diese Aussage gibt doch zweifellos einer Beziehung der Liebe Ausdruck. Man könnte Davids Worte auch so umschreiben: Ich habe in allen Lebenssituationen den anzuschauen gelernt, der mich festhält, so daß ich im inneren und äußeren Chaos nicht umkomme – ich blicke auf den, der mich aus all den Fallen herausholt, in denen ich mich so unversehens immer wieder vorfinde.

Wenn nun eingewandt wird, zu solch einer Haltung sei gereiftes Christsein nötig, eine tiefe Vertrauensbeziehung, wie sie nicht einmal bei jedem Christen anzutreffen sei, so ist dieser Vorbehalt nur zu bestätigen. Allerdings mit dem Zusatz, daß nach dem Evangelium eben dieses Leben zu zweit *jedem* von uns zugedacht ist. »Gott will, daß allen Menschen geholfen werde«, schreibt Paulus in 1. Timotheus 2,4: Für alle, gleichgültig welchem Charaktertyp oder welchem sozialen Stand sie angehören und welche Weltanschauung sie vertreten, sollen die Gedanken der Liebe des himmlischen Vaters Lebenswirklichkeit werden.

Wer sich zu diesem Blickwechsel herausfordern läßt, wird, wie das gängige Wort sagt, seine »blauen Wunder« erleben. Die Wunder einer neuen, nie für möglich gehaltenen Dimension des Lebens, die Wunder der Treue. Seine Ehe, ja seine ganze Lebensführung bekommt auf diese Weise ein neues Fundament. Das sei eine köstliche Erfahrung, wenn das wankelmütige und trotzig-verzagte Herz gefestigt wird, meint der Schreiber des Hebräerbriefs. Genau das werde durch die Nähe des Auferstandenen bewirkt (Hebräer 13,9).

Vielen, die sich vom Kleinkrieg des Ehealltags und auch von dramatischen Kränkungen – wie sie Erika erlebte – zermürbt sehen, mögen solche Worte wie hohle Phrasen erscheinen. Sie kommen sich viel stärker von Gott verlassen vor als etwa von seiner Treue umgeben. Sie erleben sich als innerlich zerrissen und haltlos und keinesfalls als gefestigt und gestärkt.

An die Stelle einer gewachsenen Vertrauensbeziehung finden sie in sich ein vervielfachtes Mißtrauen vor. Sie fühlen sich von Gott und Menschen verlassen, obwohl ihnen doch früher einmal die Fürsorge des Vaters im Himmel so gewiß gewesen war.

Wir haben uns schon in einem früheren Zusammenhang damit beschäftigt, daß Krisen einen tiefen Sinn haben. Welchen Sinn sollen denn nun solche bis in die letzten Tiefen gehenden, existenzbedrohenden Erschütterungen haben? Wenn ehrliche, freimütige Beziehungen sowohl zum Partner wie zum Nächsten in der Gemeinde notwendig sind, dann können wir auch in der Beziehung zu Gott Irritationen und Betroffensein nicht unter den Teppich kehren. Es ist ungemein befreiend und dem geistlichen Wachstum zuträglich, das Gespräch mit dem Vater im Himmel demütig und trotzdem ganz offen, unter Einbeziehung aller Enttäuschungen und Klagen, zu führen.

Paulus deutet uns im 2. Korintherbrief (12,7-9) solch ein Zwiegespräch an. Der Apostel sah sich von einer schweren Erkrankung überfallen, durch die er sich aufs äußerste bedrängt und belastet fühlt. Kein Wunder, daß er sich an seinen Vater mit der Bitte um Abhilfe wendet. Doch er erhält eine auf den ersten Blick befremdliche Antwort: »Meine Gnade« (charis) – man könnte statt Gnade auch übersetzen: Gunst, Zuneigung, Liebesdienst, Wohltat – »genügt dir. Meine Kraft wird in Schwachheit vollendet.« Die Wörter der griechischen Wurzel »char« bezeichnen das, was Wohlbehagen und Freude erzeugt. Dem Paulus wird also gesagt: »Meine Zuneigung garantiert dir alles, was du brauchst, selbst dein Wohlbehagen, deine Freude.« Beachtenswert ist, daß diese Feststellung in der Form einer allgemeingültigen, also keineswegs nur auf den Fall Paulus bezogenen Gesetzmäßigkeit getroffen wird.

Welche Vortäuschung falscher Tatsachen, werden Sie jetzt vielleicht sagen. In meinen Tiefs habe ich gerade das Gegenteil erlebt.

Nun, solche Erfahrungen sollen Ihnen gar nicht bestritten werden. Doch beachten Sie bitte den Zusammenhang der Kraft des Christus – also der Quelle des Wohlbehagens und der Freude – mit der Schwachheit. Offensichtlich ist Schwachheit Voraussetzung für die Zunahme der göttlichen Möglichkeiten und Kräfte in uns Menschen. Das Zeitwort »vollenden« deutet an, daß das in einem wachstümlichen Prozeß geschieht.

Welche Bedeutung hat in diesem Zusammenhang die von uns so gefürchtete Schwachheit? Hier wird die Bedeutung des dritten Seelenbilds für unser Erleben und Verhalten sichtbar. Es handelt sich um unsere Gottesvorstellung, um die dritte, unbewußte Gefühlsgestalt, die wir uns vom lebendigen Gott machen. Auch unser Gottesbild wird im Verlauf unserer Entwicklung von den uns prägenden Bezugspersonen wesentlich beeinflußt. Es ist deshalb ebenfalls durch sehr widersprüchliche Gefühle gekennzeichnet. Ein Ur-Mißtrauen gegen den, der uns als unser Schöpfer sein Wohlwollen und seine Zuneigung in unbegrenzter Fülle zugedacht hat, steckt – ohne daß wir das normalerweise registrieren – tief in uns.

So wird verständlich, warum das Leben der Christen – mehr als das der Sache ihres Meisters Ehre macht – von Lauheit, frommem Egoismus und häufig sehr problematischen Beziehungen zu den anderen Gliedern der Gottesfamilie gekennzeichnet ist. Die entscheidenden Hindernisse – innere Blockaden der Gottesbeziehung – sind weitgehend unbewußt. (Vgl. Offenbarung 3,17: *Du weißt* über deine tatsächliche Verfassung, über deine Beziehung zu mir in keiner Weise Bescheid. Du lebst in einer Selbsttäuschung von erschreckendem Ausmaß.) In uns sind Faktoren und Tatbestände am Werk, die unser Christsein immer entleeren und erstarren lassen können.

Diese erschreckende Perspektive konfrontiert uns mit

der Frage, wo denn hier die liebende Verantwortung des Schöpfers bleibt, der um diese Faktoren und ihre möglichen Auswirkungen weiß. Doch wir dürfen getrost sein, diese Verantwortung wird wahrgenommen, wenn auch oft auf ganz andere Weise, als wir das erwarten. Die Bedeutung, die das zitierte Paulus-Wort der Schwachheit zumißt, beweist das. Auch die Beziehungskrisen mit Gott und die Probleme, die ich mit dem Verstehen seines Tuns und Lassens habe, können mir zur Korrektur meines verzerrten Gottesbildes helfen. Die Krisen enthalten neue Wahrnehmungsmöglichkeiten, durch die Beziehungshindernisse ins Auge gefaßt und Schritte zur Vertiefung der Liebesbeziehung getan werden können.

Beziehungskrisen sind also geeignet, vorher Unbewußtes bewußt zu machen. Das trifft insbesondere auch auf unsere Gottesbeziehung zu, owohl sich viele Menschen gerade davor sehr fürchten. Auch die Krisen in der Gottesbeziehung sind also geeignet, das Verhältnis der Liebe zu ihm zu vertiefen, die in meinem Herzen vorhandenen Widerstände deutlich werden zu lassen, damit Vertrauen und tiefere Hingabe wachsen können. Aus den zahlreichen biblischen Beispielen für die Fruchtbarkeit solcher Vertrauenskrisen, wie sie Abraham, Elia, Jona oder Petrus zu bestehen hatten, sei Hiob angeführt. Er sagt in Kapitel 42,5: »Nur vom Hörensagen hatte ich von dir vernommen. Jetzt aber« – nach der Erfahrung äußerster Armut, nach dem Erleben von Nacht und Verzweiflung – »hat mein Auge dich geschaut.« Leiden und Schwachheit haben Hiob eine Korrektur seines bisher undeutlichen, vielleicht auch falschen Gottesbildes gebracht: An die Stelle der Bilder tritt nun immer konkreter der, der letzte Wahrheit und eigentliche Wirklichkeit ist.

Den inneren Zusammenhang von Leiden und Gotteserkenntnis macht auch Paulus deutlich, wenn er in Philipper 3,10 schreibt: »Denn ich möchte ihn (Christus) kennenlernen und die Kraft seiner Auferstehung und die Teilnahme an seinem Leiden, indem ich seinem Tode gleichgestaltet werde.«

Tod bedeutet eigentlich nicht mehr überbietbare Schwachheit und Armut. Vom Hineingenommensein in den Tod seines Meisters erwartet Paulus dessen tiefere Erkenntnis und ein existentielles Vertrautwerden mit seinen Kräften.

So kommt Paulus zu einer Umwertung der Dinge: »Darum bin ich freudigen Muts in Schwachheiten, bei Mißhandlungen, in Notlagen . . .« (2. Korinther 12,10)

Wie würde sich Ihre augenblicklich vielleicht ausweglos scheinende Ehesituation verändern, wenn Sie diesen Satz und diese Aussage für sich in Anspruch nehmen könnten? Als Folge ergäbe sich zweifellos ein innerer Umstrukturierungsprozeß. Ihre Zuversicht und Hoffnung – die auch bei Christen stärker, als ihnen das in der Regel bewußt wird, auf das eigene Ich konzentriert blieb – wird neu ausgerichtet. Paulus weist uns in Epheser 1,18 darauf hin, daß die Augen unseres Herzens geöffnet werden können, damit eine neue, durch den Erlöser zugängliche Dimension der Hoffnung existentiell greifbar wird. Unser normales Wahrnehmungsvermögen wird offensichtlich durch die Blindheit unseres Herzens entscheidend beschränkt. (Der biblische Begriff des Herzens schließt das, was wir heute als Unbewußtes bezeichnen, immer ein.)

Von daher ist bedeutsam, daß das biblische »Erkennen« stets ganzheitlich zu verstehen ist. Von Adam wird berichtet, daß er seine Frau »erkannte« und sie ihm einen Sohn gebar (1. Mose 4,1). Ganzheitliches Erkennen ist also eine andere Bezeichnung für Liebe. Gerade die Krisen sind es, die uns die Chancen zur Erneuerung und Vertiefung der Beziehung zum Schöpfer aller Dinge einräumen. Weder die Irritationen, die wir in den mitmenschlichen Beziehungen erleben, noch diejenigen, die sich im Verhältnis zu Gott ergeben, brauchen uns auf die Dauer zu schaden. Nichts kann den Christen von der Liebe seines Herrn scheiden. Kein Leiden, keine Engpässe, keine Zwangslagen, schreibt Paulus in Römer 8,28 und 35.

Dieses »nichts« schließt eigene Kraftlosigkeit und all die Unmöglichkeiten ein, denen wir in uns selbst begegnen. Damit verlieren diese von uns zunächst so sehr gefürchteten inneren Mangelzustände ihre negative Bedeutung. Nur solange wir in starkem Maße aus uns selbst leben, sind entsprechende Wegstrecken für uns so bedrohlich. Wenn uns aber Krisen sehend gemacht haben, gewinnt der Christus in uns (Kolosser 1,27) eine wachsende Bedeutung im Sinne einer Vermehrung von Kraft, Zuversicht und Hoffnung. Das hat Gültigkeit für unsere gesamte Lebenspraxis, nicht zuletzt auch für unsere Partnerschafts-Schwierigkeiten.

Um zu Mut, Durchhaltekraft und zu einem weniger leicht zu erschütternden Vertrauen in den Partner zu kommen, hat dieses Sein in Christus eine außerordentliche Bedeutung. Wenn mir in Christus Wohlbefinden und Freude sicher sind – weil nichts imstande ist, mich von der Liebe des Auferstandenen zu trennen –, kann ich unabhängiger von den Belastungen werden, die mir durch meinen Nächsten widerfahren. Ich bin nicht länger hilflos den Zwängen des in dieser Welt so allgegenwärtigen »Wie du mir, so ich dir« ausgeliefert.

Diese neue Existenzweise in Christus ermöglicht den Zugang zu Kräften, die der Behauptung »ich kann nicht« den Boden entziehen. Denn in den Widrigkeiten – wie in den schönen Stunden – begegnet uns ja niemand anderes als der, der alle Krisen unseres Lebens für uns und andere fruchtbar werden lassen will. Die Begegnung mit ihm kann uns sogar am Tag des Unglücks trotz aller Schmerzen mit unverlierbarer Freude erfüllen.

Das unbestechliche Licht des unendlichen Gottes will unser Inneres enthüllen und uns eine schärfere Wahrnehmung der eigenen Untiefen vermitteln. Die in uns selbst liegenden Hindernisse, die positive Entwicklungen weit mehr blockieren als unsere »böse Umwelt«, springen uns dann viel dramatischer ins Auge. Solch ein »Überführt-Werden« ist nicht ganz leicht auszuhalten. Doch als Frucht der damit verbundenen Schmerzen wird eine Persönlichkeit stabiler, tragfähiger und reifer. Ihre Beziehungen bekommen ein belastungsfähigeres Fundament. Sie sind damit weit weniger störungsanfällig als die früheren.

Manch einer wird nun trotz dieser Feststellungen ein Unbehagen nicht unterdrücken können. »Für mich und meinen Partner sind solche Veränderungen doch sicher zu schwierig. Bei anderen mag so etwas möglich sein. Doch mein Partner und ich sind in unseren Verhältnissen und mit unseren Möglichkeiten gewiß überfordert.« Solche Einwände sind durch viele Enttäuschungen begründet und deshalb verständlich. Wer jedoch nicht in den ausgefahrenen Geleisen steckenbleiben will, muß Neues wagen. Das verunsichert und verursacht Ängste. Erlebte sich Erika nicht trotz des Einsatzes aller ihr zur Verfügung stehenden Mittel als gescheitert? Dabei kann ihr doch niemand im Ernst vorwerfen, sie hätte es sich leichtgemacht. Über viele Jahre hinweg hatte sie sich vergeblich um Erich bemüht. Von vorschneller Kapitulation kann bei ihr wirklich nicht gesprochen werden.

Horizonterweiterung schafft neue Möglichkeiten

Und doch würde Erika ihre Lebenschancen entscheidend schmälern, wenn sie beim Fehlschlagen ihrer gutgemeinten Bemühungen und bei Erichs »Uneinsichtigkeit« stehenbliebe und ihre Ehe für beendet erklärte. Indem sie erkennt, daß ihr Handlungsspielraum bisher durch sie selbst nachhaltig begrenzt wurde, gewinnt sie eine Ahnung von ihren bisher unausgeschöpften Möglichkeiten. Doch »todsichere« Rezepte kann ihr niemand in die Hand drücken. Kein Mensch vermag ihr eine Garantie dafür zu geben, daß neue Experimente erfolgreicher verlaufen werden als die bisher gescheiterten Versuche. Der Nachweis, daß sie den künftigen Schwierigkeiten gewachsen sein wird oder daß Erichs Reaktionen in Zukunft von mehr Verständnis getragen sein werden, ist im voraus nicht zu erbringen, so wünschenswert das auch für Erika wäre.

Angesichts dieser Fülle von Unsicherheiten blieb Erika nur die Alternative: Resignation oder Wagnis. Sie wählte das Wagnis – und sie hat es nicht bereut. Sie fragen, wie ihr das gelungen ist? Sie selbst berichtete dazu: »So sehr, wie ich das zuerst dachte, war ich gar nicht auf mich alleine gestellt. Zwar haben meine Gespräche mit Kolleginnen und

Nachbarinnen nicht sehr viel gebracht. Ihre Ratschläge waren nur zum Teil brauchbar. So manches Mal haben mich ihre Erfahrungen sogar erst recht entmutigt.

Aber ein verständnisvolles Ehepaar aus unserer Gemeinde, auf dessen Verschwiegenheit wir uns voll verlassen konnten, hat Erich und mir sehr geholfen. In der Gegenwart dieses Ehepaars konnten wir unsere unterschiedlichen Empfindungen viel deutlicher und konkreter ansprechen. Bei diesen Gesprächen zu viert hatten Erich und ich zu unserer eigenen Überraschung weniger Angst voreinander. Deshalb konnten wir ehrlicher zueinander sein. Anfangs wollten wir es kaum glauben, wie sehr uns diese manchmal schon sehr schmerzhafte Offenheit näher zueinanderbrachte. Zuerst kostete es uns große Überwindung, nach Verletzungen aufeinander zuzugehen. Doch nachdem wir diese Praxis längere Zeit geübt hatten, konnten wir den neuen Umgangsstil zunehmend besser praktizieren. Allmählich kamen wir auch alleine zurecht, ohne die Hilfe des befreundeten Ehepaars.

Freilich, auch heute, viele Jahre später, gibt es manchmal noch schwierige Zeiten, in denen wir uns das gemeinsame Gespräch mit anderen, insbesondere in unserm Hauskreis, nicht entgehen lassen. Doch trotz aller Schwankungen wächst unser Vertrauen zueinander. Ich kann gar nicht sagen, welche Freude ich darüber empfinde, wie reich mein Leben seither in vieler Hinsicht geworden ist. Und das, obwohl ich meine Armut jeden Tag deutlicher erkenne.«

Liebende leben von der Vergebung

Aus Erichs Sicht war für den geglückten Neuanfang noch ein anderer Faktor wesentlich. Er berichtet darüber: »Erika und ich waren uns schon immer, seitdem wir Christen geworden sind, theoretisch über die Bedeutung der Vergebung klar. Doch zwischen uns funktionierte das nie so richtig. Übelnehmen, nachtragen und alte Vorwürfe bei jeder passenden Gelegenheit wieder aufzuwärmen, gehörte zu unserem Umgangsstil. Im Verlauf der Gespräche mit dem von Erika genannten Ehepaar lernten wir es, unsere gegensätzlichen Empfindungen deutlicher beim Namen zu nennen und freimütiger auszutragen. Ich erkannte bei diesem Prozeß, wie auch meine Beziehung zu Gott stark von Mißtrauen und Abgrenzungsbedürfnissen bestimmt war. Es war ein Schock für mich, als ich merkte, wie wenig ich bisher vertrauen konnte. Wenn ich das heute überlege, so habe ich mich trotz meines Christseins in schwierigen Lebenskonflikten immer wieder so verhalten, als wäre ich ausschließlich auf mich selbst angewiesen. Ich tat so, als ob Gott gar nicht existierte.

Diese Erkenntnis hat mich tief beschämt. Aussprache und Einzelbeichte bei einem Seelsorger, die auch mein Versagen gegenüber meiner Frau einschlossen, verhalfen mir zu einem Neuanfang. Seither weiß ich viel gewisser als bisher, daß der Gute Hirte bei mir ist, auch wenn ich davon im Augenblick nichts spüre, wenn ich voller Angst, gekränkt oder sehr aggressiv bin. Ich kann es nicht recht beschreiben, aber seither ist in mir, trotz meiner Schwierigkeiten und Schwächen, eine Art von heiterer Gelassenheit lebendig. Auseinandersetzungen mit Erika gibt es trotzdem noch. Ja, sie haben sogar an Häufigkeit zugenommen. Aber sie belasten mich immer weniger, und sie trennen uns auch nicht mehr so wie früher. Ich kann Erika immer rascher und direkter sagen, wenn sie mir auf die Nerven fällt. Dadurch staut sich in mir kein so großer Berg mehr auf. Ich fange an zu lernen, meine Empfindungen ruhiger, ich hoffe, auch ein wenig netter, vorzubringen.

In diesem Zusammenhang habe ich sogar gelernt, Erika besser zuzuhören. Das will für mich etwas heißen! Früher konnte ich das überhaupt nicht. Ich unterbrach sie meist schon nach wenigen Sätzen. Darauf meinte ich, ein Recht zu haben, um von ihrem unsachlichen Gerede, wie ich das damals nannte, verschont zu werden.

Heute weiß ich etwas davon, wie sehr ich ihr damit wehtat. Außerdem habe ich mit diesem selbstherrlichen

Umgangsstil mir selbst den Zugang zu einem tieferen Verstehen ihrer Art zu leben verschlossen. Sie werden es kaum glauben. Immer dann, wenn etwas zwischen uns steht, bemühe ich mich darum, von mir aus nach ihrem inneren Befinden, nach ihrer Seelenlage zu fragen. Heute weiß ich ja, daß ich meistens irgendwie an diesen Verstimmungen beteiligt bin. Das heißt nicht, daß ich ihr jedesmal zustimmen kann. Ich merke immer wieder, daß sie an vielen Stellen ganz anderes empfindet als ich. Aber meistens stört mich das jetzt nicht mehr. Wozu habe ich denn jemanden geheiratet, der anders ist als ich? Gerade das hat mich doch einmal angezogen.

Es kommt aber auch jetzt noch vor, daß ich sie im Moment einfach nicht verstehe. Aber dann distanziere ich mich nicht mehr wie früher mit ein paar spitzen Bemerkungen, hinter denen ich meine Verletzlichkeit verstecken konnte. Ich versage mir auch abwertende Gedanken. Ich kann Dinge, die zwischen uns stehen, heute auf sich beruhen lassen in der Hoffnung, daß spätere Gespräche weitere Klärung bringen.

Wenn es die Situation erlaubt, höre ich solange zu, bis ich begriffen habe. Und wenn dazu im Moment keine Zeit ist, verschieben wir das Gespräch. Nicht die schnelle, sondern die gute Erledigung unserer Konflikte ist uns jetzt wichtig. Und wenn ich dann verstanden habe, was in ihr vorgeht, dann brauche ich mich meistens gar nicht mehr über sie zu ärgern. Ich verstehe, warum sie so reagiert oder warum sie sich in einer bestimmten Art und Weise geäußert hat. Das hat nichts damit zu tun, daß ich selbst in vielen Fällen anders entschieden und gehandelt hätte. Und« – ein schalkhaftes Lächeln erschien auf Erichs Gesicht – »sogar entschuldigen kann ich mich jetzt, wenn ich ihr Unrecht getan habe, und zwar ohne daß mir ein Zacken aus der Krone fällt.

Das alles hat natürlich Zeit gebraucht. Wenn wir heute im guten miteinander streiten, empfinde ich manchmal fast so etwas wie Spaß an unserer Auseinandersetzung. Ich merke, wie wir uns dabei immer besser kennenlernen. Wir können jetzt auch unterschiedliche Meinungen und Beurteilungen stehenlassen. Es fällt uns viel leichter, über die eigenen Fehler und Schwächen zu sprechen oder sogar darüber zu lachen. Ich hätte das nie erwartet. Noch heute überfällt mich immer wieder das Staunen über das Ausmaß an Veränderung, das uns geschenkt wurde. Freilich habe ich auch jetzt noch den Eindruck, alles ist immer noch im Werden. Doch Entscheidendes hat sich verändert. Ich kann nur sagen: Wir lernen, uns und dem, der uns zur Seite steht, immer mehr zu vertrauen. Und besonders für mich will das sehr viel heißen. Ich hätte mir das selbst nie und nimmer zugetraut.«

Wandel der Beziehungen – Chancen für alle, die Mühe haben, miteinander zurechtzukommen

Erich hat tatsächlich – das empfindet nicht nur er selbst, sondern auch der außenstehende Beobachter – eine erstaunliche Wandlung durchgemacht. Abzulesen ist das schon an seinem viel entspannteren, zufriedeneren Gesichtsausdruck. Besonders bemerkenswert an dieser Veränderung ist der enge Zusammenhang zwischen der Erneuerung und Vertiefung seiner Beziehung zu Gott einerseits und dem veränderten Umgang mit seiner Frau und mit sich selbst andererseits.

»Erst in den Zeiten, in denen ich verzweifelt und mit meinem Latein am Ende war«, so erzählt Erich, »entdeckte ich eine neue Dimension des Gebets, nämlich das ständige innere Gespräch mit dem, der mich geschaffen hat. Im Rückblick sehe ich viele meiner früheren Gebete als fromme Pflichtübung an. Während meiner Ehekrise fand ich heraus, wie es selbst in Augenblicken großer innerer Bedrängnis möglich ist, einen Stoßseufzer zum Himmel zu schicken und die eigene Armut und die des Partners dem guten Hirten entgegenzuhalten. Dabei erfuhr ich, wie ich durch Situationen durchgetragen wurde, die mich früher umgeworfen und zu Kurzschlußreaktionen veranlaßt hätten. Auch heute bleiben mir Kummer und Tränen nicht erspart. Der Kampf mit der rauhen Wirklichkeit des Lebens wird mir nicht abgenommen. Aber ich weiß jetzt, daß ich nicht mehr den Abgründen in mir oder denen anderer Menschen preisgegeben bin. Da ist einer, der mich hält. Das macht mich unendlich froh.«

Erfahrungen, wie sie Erika und Erich machten, werden leider in der Öffentlichkeit viel zu wenig bekannt. Die Sensationsmeldungen der Massenmedien und das von Meinungsforschern und Statistikern zusammengetragene Material trüben häufig unseren Blick für die lebenschaffenden, wenn auch nicht alltäglichen Möglichkeiten des menschlichen Daseins. Wir werden – ohne daß wir das recht registrieren – in der Mediengesellschaft darauf programmiert, das zu tun, was »man« tut. Zum Beispiel in Ehekrisen zu früh die Hoffnung aufzugeben. Wir neigen dazu, uns vom verbreiteten Pessimismus hinsichtlich der Chancen dauerhafter Partnerschaften anstecken zu lassen. Rasch sind wir auch von den gesellschaftsgängigen Illusionen beeindruckt, wonach sich Geschiedene nur dem neuen, dieses Mal selbstverständlich idealen Partner in die Arme zu werfen brauchen, um nun tatsächlich vom Glück überfallen zu werden. Dabei berichten doch sehr viele Betroffene, daß sie beim nächsten Versuch nur eine Neuauflage des alten Unglücks erlebt hätten.

Ehepaare, die sich wie Erika und Erich auf das Wagnis eines Neubeginns in ihrer Gemeinsamkeit eingelassen haben – am Anfang dieses Neubeginns stand immer die Bereitschaft zur Veränderung des eigenen Seins –, werden in ihrem Bekannten- und Verwandtenkreis und in ihrer Gemeinde zu Beispielen ansteckender Gesundheit. Sie demonstrieren ohne große Worte, wie aus Notlagen und Lebenskrisen unvermutet neue Kräfte wachsen. Wie aus Resignation neue Hoffnung keimt. Wie Haß und Gleichgültigkeit durch einen Frühling vertiefter seelischer und körperlicher Beziehung abgelöst werden, den niemand mehr für möglich gehalten hätte, am allerwenigsten die Beteiligten selbst.

Michael Dieterich

Handbuch Psychologie und Seelsorge

384 Seiten, gebunden, Pappeinband, Bestell-Nr. 224 607

Das Handbuch Psychologie und Seelsorge ist die erste systematische Einführung in das Gebiet der »biblisch-therapeutischen Seelsorge«. Es ist zugleich das erste Handbuch im deutschsprachigen Raum, das Erkenntnisse aus der modernen Psychologie und Therapie so darstellt, daß sie zum einen dem biblischen Weltbild verpflichtet sind, zum anderen aber auch dem gegenwärtigen Stand der Fachwissenschaften entsprechen.
Besonderer Wert wird auf die praxisnahe und praxisgerechte Darstellung gelegt, denn das Buch richtet sich auch an Leser ohne fachwissenschaftliche Vorkenntnisse, für die es ein unmittelbar zugängliches Kompendium sein will. Diesem Ziel dienen nicht zuletzt die zahlreichen Quellen und Materialien, die zur Diagnostik in der Beratung und in der Seelsorge herangezogen werden.

Prof. Dr. Michael Dieterich ist Erziehungswissenschaftler und Psychotherapeut. Er lehrt an der Universität Hamburg das Fachgebiet der Beruflichen Rehabilitation und ist Gründer und Leiter der Deutschen Gesellschaft für Biblisch-Therapeutische Seelsorge.

R. BROCKHAUS VERLAG WUPPERTAL UND ZÜRICH